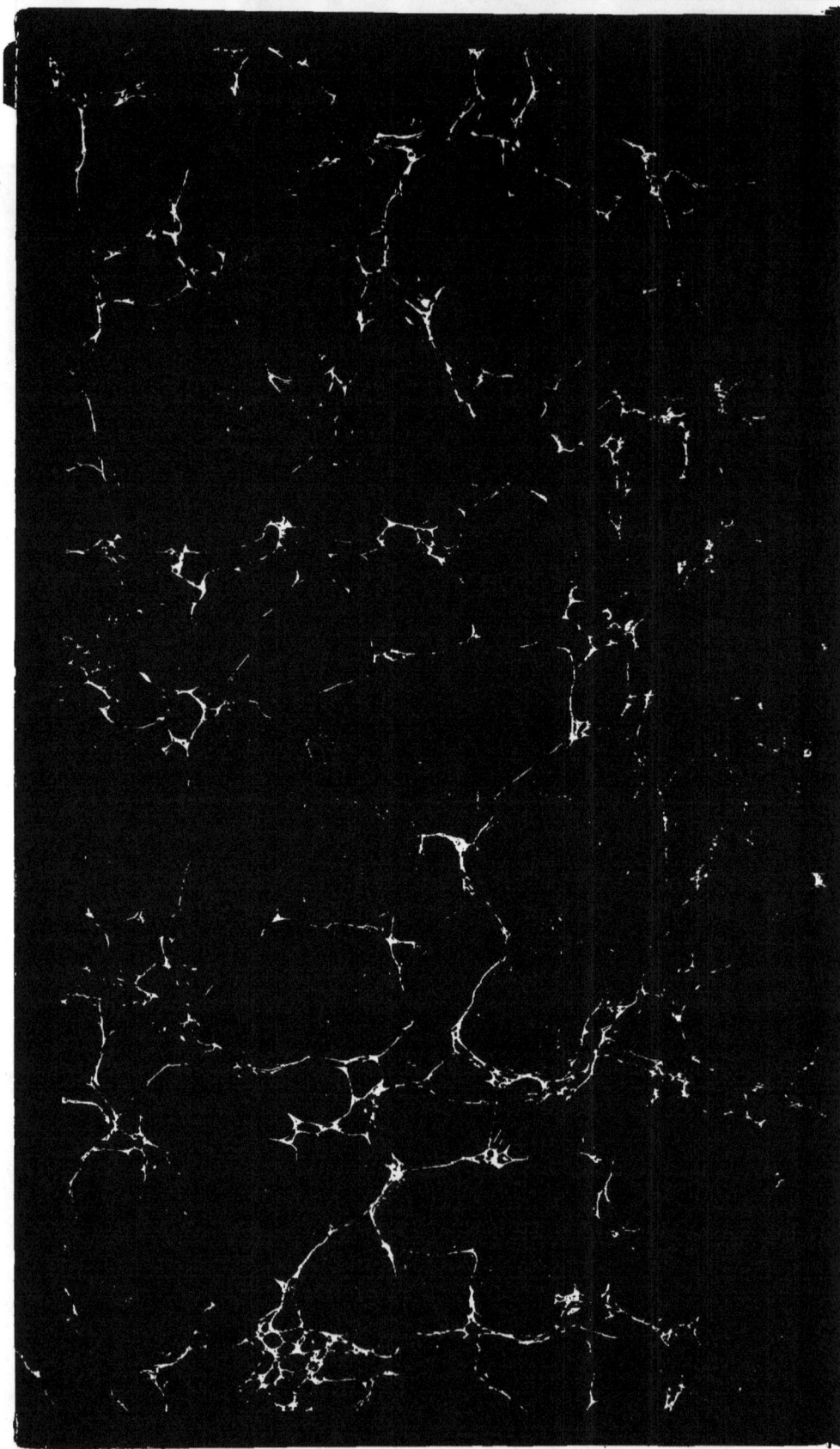

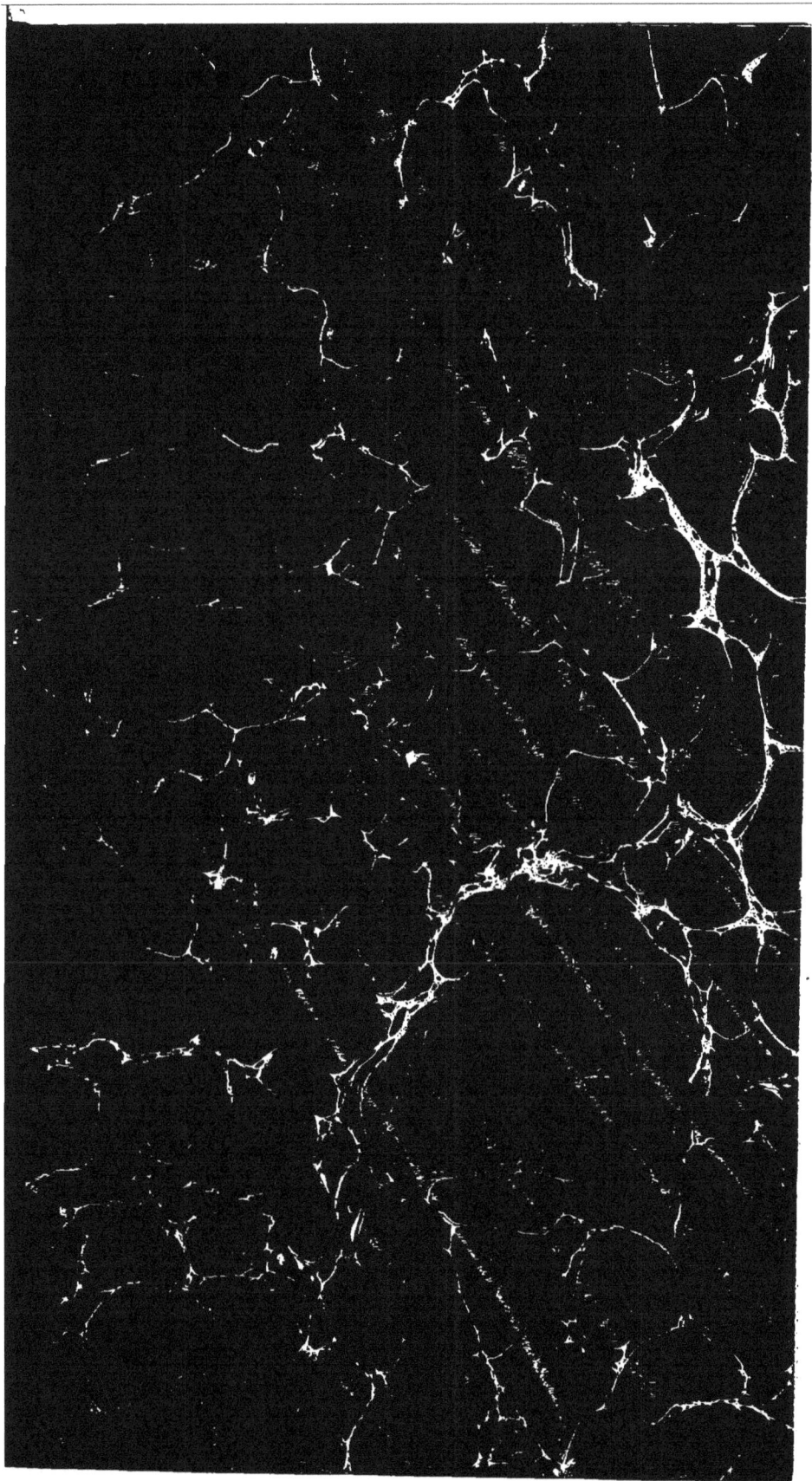

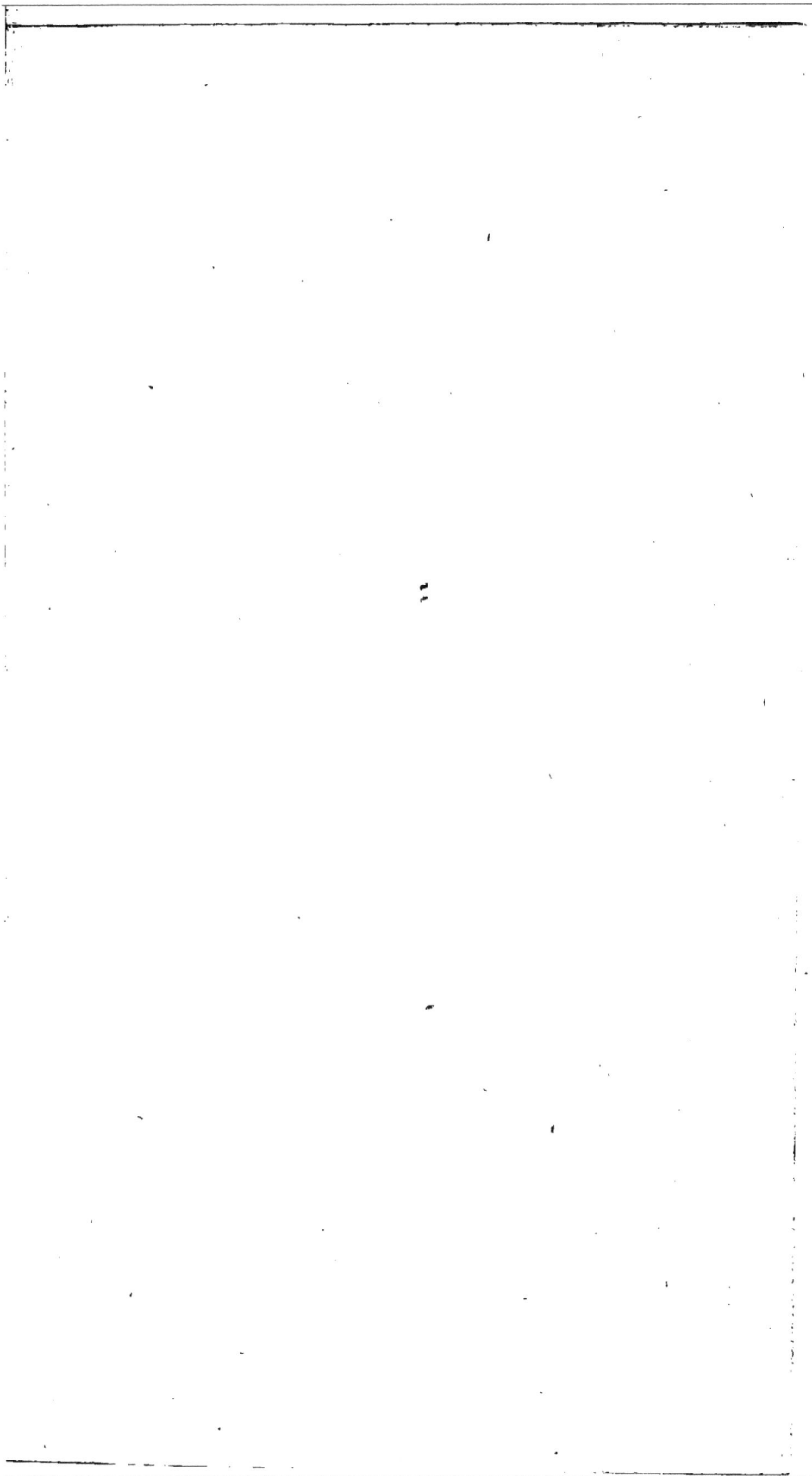

NOTICE

SUR

LA VILLE DE DIJON,

SES ENVIRONS

ET QUELQUES AUTRES VILLES

DE L'ANCIENNE BOURGOGNE.

AM . MAN .

HUNC SIMPLICEM

QUEM DEDIT NATURA

LOCUM

AM . MAER . SAEVUS DOLOR

DIC .

MDCCCXV

Rocher près des Chartreux.

NOTICE

SUR

LA VILLE DE DIJON,

SES ENVIRONS

ET QUELQUES AUTRES VILLES

DE L'ANCIENNE BOURGOGNE,

A L'USAGE DES VOYAGEURS QUI VISITENT CES CONTRÉES;

Avec trente-deux planches représentant des sites et des monumens.

...... Turres altaque mœnia cernam,
Illorumque levi chartâ meminisse juvabit.

A DIJON,

Chez GAULARD-MARIN, Libraire, place Notre-Dame;

A PARIS,

Chez BELIN-LEPRIEUR, quai des Augustins, n.° 55.

1817.

A DIJON, DE L'IMPRIMERIE DE CARION.

AVIS AU RELIEUR

POUR LE PLACEMENT DES PLANCHES.

AVERTISSEMENT.

Dᴀɴs cette Notice sur la ville et les environs de Dijon, on ne trouvera peut-être pas hors de propos que j'aie consacré quelques lignes à la mémoire d'un homme dont les soins et la fortune ont contribué à l'embellir. Il est facile de deviner que je veux parler de M. *Chartraire de Montigny,* trésorier général de la province de Bourgogne, mort à Paris, en 1796, dans un âge peu avancé.

Dans les orages de la révolution, il prévit la ruine d'une patrie que son courage ne put défendre; mais il ne s'en montra pas moins magnanime, et celui qu'on n'aurait cru fait que pour les jouissances sociales, ij

montra la fermeté d'un héros chrétien et d'un sujet fidèle.

Non loin de nos murs, un lieu qu'il a particulièrement affectionné * m'a fourni l'idée des vers suivans :

Sous ces hauts peupliers, mystérieux asile,
Par tes soins, *Montigny*, je goûte la fraîcheur,
Le calme d'un beau soir y pénètre mon cœur;
A de nobles devoirs je retourne tranquille.
Dans ces bosquets, hélas ! dont tes mains généreuses
Ont fait croître pour nous les voûtes ténébreuses,
Au monument fatal dès long-temps descendu,
Mon œil te cherche encore, ô toi que j'ai perdu !
Quelquefois m'égarant au bois qui m'environne,
Pour consoler mon cœur je tresse ta couronne;
Plus qu'un marbre superbe, un frêle souvenir
Redira tes vertus aux siècles à venir.

---

* Le jardin de l'Arquebuse.

FONTAINE
DU
PAYS
DE
SUISSE

D. M. f.

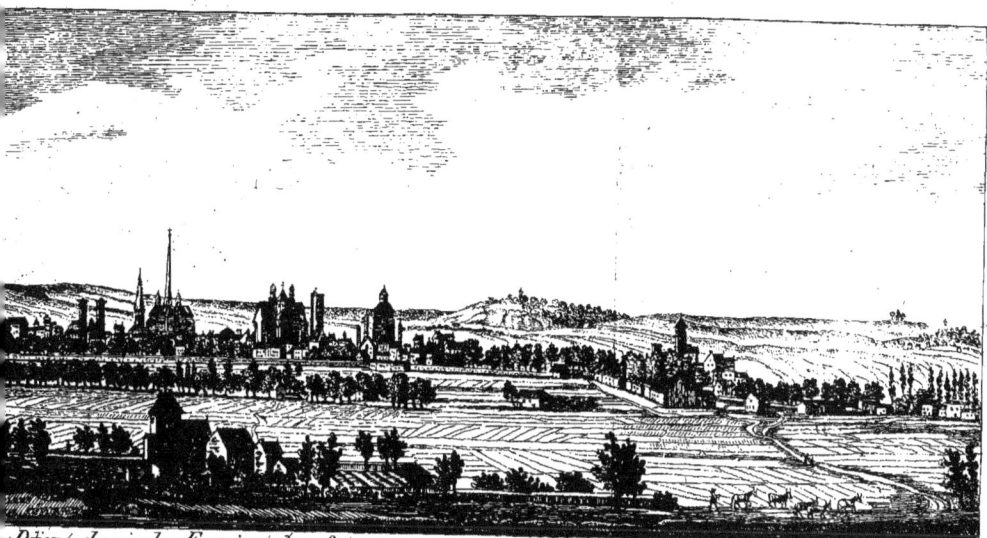

Dijon, depuis la Fontaine des Suisses. 1816.

NOTICE

SUR

LA VILLE DE DIJON,

SES ENVIRONS

ET

QUELQUES AUTRES VILLES

DE L'ANCIENNE BOURGOGNE.

GUIDE des Étrangers dans la ville de Dijon et ses environs.

CE ne sont ni des recherches profondes sur l'origine des monumens, ni les notices biographiques des savans, des guerriers ou des magistrats qui ont illustré notre pays, qu'on doit s'attendre à trouver dans cet opuscule ; les personnes que leur goût porterait à ce

2

genre d'étude peuvent aisément le satisfaire en consultant les auteurs qui ont
écrit sur l'histoire de la province. On
peut recommander sur-tout l'ouvrage
de M. Girault sur Dijon. Ici nous ne
cherchons à considérer cette cité que
sous son aspect extérieur et actuel, et
non sous le rapport des divers changemens qu'elle a pu subir. Ces changemens, sans intérêt pour le voyageur,
en ont beaucoup pour celui qui habite
un lieu où de nombreuses générations
se sont succédées; mais ils n'en auraient que pour lui. Nous ne pouvons
nous empêcher cependant, en reportant
nos regards sur le passé, de parler de
l'impression que Dijon produisait sur
l'étranger, qui, dans des temps plus
calmes, aimait à s'y fixer des années
entières. Nous ne pouvons passer sous
silence l'attachement que ceux qui y
sont nés conservent pour cette ville.
Rappelés dans ses murs, après de longues absences, par un sentiment profond, plus marqué ici qu'ailleurs, une
vie un peu orageuse, quelques tracas-

series de société, sont préférées par les
Dijonnais à l'apathie et à l'uniformité
qu'ils trouveraient dans d'autres villes.
Mais des avantages qu'on essaierait en
vain de lui contester, sont un air excellent, des promenades faciles et nombreuses, des rues larges, renommées
jadis pour leur propreté. Une société
brillante et spirituelle nous y amenait
autrefois de nombreux étrangers, des
Anglais sur-tout dont j'ai vu jusqu'à
cinquante familles, et parmi elles les
noms les plus illustres, tels que les
Howard et les Lascels. Notre barreau,
qui produisit tant de gens célèbres,
inspirait à une foule de jeunes gens le
goût de l'étude des sciences même
étrangères à celle des lois; dans ce
temps, notre vieux parterre était presque
redouté, pour la sévérité de ses juge-
mens, par des acteurs qui foulaient ha-
bituellement un plus brillant théâtre :
Préville s'y était formé, et Lekain même
l'estimait et le craignait.

Bien que la ville de Dijon ne soit pas
d'une très-grande étendue, ni ses rues

tellement inextricables qu'un étranger ne puisse à toute rigueur retrouver son auberge, il n'en faut pas moins aux nouveaux Thésées qui s'aventurent dans ce labyrinthe, une espèce de fil pour en sortir. Voici donc le plan que nous adoptons.

Dijon étant de forme à peu près circulaire, la place Royale sera considérée comme le centre, bien qu'elle ne le soit pas dans toute la rigueur géométrique. Après l'avoir décrite, nous menons le voyageur à la porte Saint-Pierre, pour commencer par là le tour intérieur de la ville.

Revenus, après cette course, au point d'où nous sommes partis, nous décrirons l'intérieur et les différens monumens religieux et civils.

Passant ensuite aux promenades, nous parlerons des points de vue variés et pittoresques qu'elles nous présentent.

Nous visiterons enfin quelques lieux intéressans des environs.

Nous prévenons d'avance sur un inconvénient difficile à éviter : nous voulons parler de la répétition de quelques

Vue de la Place Royale de Dijon.

termes et tours de phrases. Dans un
genre purement descriptif, le retour
d'élémens pareils doit nécessairement
ramener les mêmes expressions.

———

Cette place, qui portait autrefois le
nom de Saint-Barthélemy, prit le nom
de place Royale à l'époque où formée
en demi-cercle composé d'arcades ré-
gulières, elle devint, en 1686, ce qu'elle
est maintenant. Cependant plusieurs de
ces arcades n'étaient pas, comme de nos
jours, appuyées à des maisons et leur
servant de façade : la plus grande partie
n'était que de simple représentation.
Depuis quelques années, la place entière se trouve entourée de bâtimens
réels. Ici se sont réunis des cafés, des
restaurans, dans une proportion bien
plus forte qu'autrefois; long-temps on
ne compta, dit-on, qu'un seul café,
peuplé de vieillards : aujourd'hui ils
sont le rendez-vous de la plus brillante jeunesse et de l'âge mûr, rivali-
sans, du matin au soir, à qui fera le

Place Royale.

plus de lois et de parties de domino.

Au milieu se voyait, il y a vingt-trois ans, la statue équestre de Louis xiv renversée et brisée en 1792 *pro felicitate publicâ,* en exécution d'un décret. Ce monument, qui avait coûté 150,000 liv., n'ayant été complétement terminé qu'en 1747, n'avait conséquemment duré que quarante-cinq ans, et l'église St.-Etienne seulement soixante-dix, ce qui est un peu différent des monumens des Romains auxquels, dans ce temps, nous faisions tant d'efforts pour ressembler.

Palais des Etats. Le palais des anciens États de Bourgogne forme un des côtés de la place Royale. Il se compose d'un corps-de-logis de trois étages, et de deux ailes terminées à leur extrémité par quatre colonnes doriques surmontées d'un fronton et reposant sur un soubassement élevé; à droite et à gauche, sont deux façades de très-bon goût, à fenêtres cintrées; deux très-belles portes s'y font remarquer. Celle de la rue Condé mène à une grande cour où sont les logemens de nos princes, ainsi qu'une grande ga-

Une des Cours du Palais des Ducs de Bourgo.

Vue de la Tour de Bar.

lerie destinée à des fêtes publiques.
Un escalier construit sur les dessins de
Gabriel, de la plus élégante proportion,
conduit à une première salle décorée
de deux statues de proportion héroïque;
une pièce très-vaste lui succède, où
jadis se faisait l'ouverture des États de
la province, présidés toujours par un
prince de la maison de Condé, et l'ayant
été quelquefois par le roi en personne.
Depuis cette salle on pouvait jadis pénétrer dans les appartemens intérieurs
de S. A. S. monseigneur le prince de
Condé, changés depuis en bureaux et
en greffe poudreux.

L'aile correspondante à celle-ci offre Musée.
à la curiosité du voyageur une réunion
d'objets d'arts intéressans, en peinture,
sculpture et antiquités, renfermés dans
plusieurs pièces décorées avec magnificence. La première est un salon d'une
proportion majestueuse, dont les ornemens sont dus au ciseau d'un artiste de
ce pays, nommé Marlet; il contient un
grand nombre de sculptures faites par
des élèves de notre école, pensionnaires

à Rome : ce sont ou des originaux, ou des copies en marbre d'après les statues antiques les plus renommées.

De ce Musée de Sculpture on passe dans une galerie où sont les peintures dont est composée cette collection. On s'arrêtera avec plaisir vis-à-vis d'un tableau de Philippe de Champagne, dont le sujet est *la Présentation au Temple par le vieillard Siméon :* la noblesse des attitudes, la beauté de la couleur et des draperies, l'entente de la perspective aérienne, concourent à rendre ce tableau l'un des plus beaux ouvrages de ce maître.

Je vous inviterai à jeter un coup d'œil de bienveillance sur une *Descente de Croix,* par Jouvenet, et deux ou trois Vandermeulen, de très - grande dimension, dont l'un est le *Siége de Besançon ;* n'oubliez pas non plus la *Bataille de Sénef* et le *Passage du Rhin,* par Gagnereaux, élève de notre école, mort à Rome au commencement de la révolution, et l'une de ses victimes. Plusieurs artistes, formés dans le même temps , élèves du même maître, habitent encore nos murs; et, plus heureux que lui, ont survécu à tant d'orages.

Le Directeur actuel de l'école , M. Devosges, est le fils de celui dont le courage et la patience infatigable ont, pour ainsi dire, naturalisé à Dijon toutes les branches de l'art du dessin.

Ceux qui aiment l'école et le coloris flamand en trouveront quelques tableaux de maîtres, tels que Wouwermans, Mieris, Both, etc.

Le Musée a recueilli également tout ce qui a pu échapper au marteau ou à la rapacité des briseurs de 1793, comme nombre de petites statues de religieux qui décoraient les tombeaux des ducs, ainsi que d'autres pièces d'ornemens dans le genre gothique , servant aux chapelles des ducs; plusieurs pièces des appartemens, ou ayant servi à la personne des duchesses; des figures en bronze, lampes antiques, vases, médailles, etc., des divers cabinets particuliers ou corporations religieuses; en un mot, les débris respectés par nos longues tempêtes.

Rue
au Change. Derrière la façade du palais s'élève avec majesté l'antique tour nommée Tour-du-Logis-du-Roi, et un des restes du palais de nos anciens ducs. Cette construction, de forme carrée, se présente avec avantage de quelque côté qu'on l'examine, soit du côté de la rue au Change, où une partie de l'ancienne façade du palais des ducs s'est maintenue, soit du côté de la place où elle couronne la façade. Cette tour, au sommet de laquelle on parvient par un escalier très-doux, possède un observatoire bien fourni d'instrumens de physique et d'astronomie, et entr'autres d'un très-grand télescope, ouvrage d'un artiste anglais. Elle fut commencée en l'année 1367, par Philippe-le-Hardi, et continuée par Jean, qui la fit prodigieusement exhausser, non pour observer les astres, mais bien les mouvemens des ennemis dans le plat pays.

Le feu prit à cette tour en 1417. Un autre incendie considérable arrivé en

DM. fec.   1816.

Tour du Logis-du-Roi.

D. M. del.   Misno sculp.

Vue de l'ancien Palais de Justice de Dijon.

1502, et dont la cause première fut un laquais du comte de Nevers, fit d'extrêmes dégâts au Logis-du-Roi. Courtépée prétend que pendant qu'on était occupé à l'éteindre, des gens criaient: « Laissez faire, il n'y a pas grande » perte, le Roi n'y perdra pas beau- » coup. » Je serai d'autant moins éloigné de croire cette anecdote, que les mêmes vœux et les mêmes desirs se sont renouvelés devant moi il y a quelques années, le feu ayant pris à la tour à la suite d'un feu d'artifice tiré sur la plate-forme.

Tout près de la place Royale en est une plus petite, appelée place du Palais: Place du Palais. ce nom lui vient de l'ancien palais de justice, dont vous trouverez une vue dans cette collection. L'entrée est un péristile soutenu sur plusieurs colonnes, surmonté d'une voûte et élevé sur un perron de plusieurs marches. La grande salle qui le suit, dite salle des Pas-Perdus, est l'ouvrage de Charles ix, terminé sous Henri iii, dont la statue se voyait au dehors; cette salle aboutit à une cha-

pelle où l'on célébrait la messe du
Saint-Esprit, à l'époque de la rentrée des
chambres du Parlement. La salle dite
des audiences publiques fut ordonnée
par Louis xii; les plafonds sont dorés
et peints d'une manière très-riche; les
panneaux des boiseries représentent les
diverses vertus qui sont ou doivent être
plus particulièrement l'apanage des magistrats : ces panneaux, peints en gri-
saille, sont d'une belle manière et d'un
ton de couleur transparent. Cette salle
avait de très-beaux vitraux coloriés dont
on n'a pu conserver qu'une partie, le
reste ayant été brisé par la faux révo-
lutionnaire, en même temps qu'elle
brisait les statues qui décoraient le por-
tique du palais, et n'épargnait pas même
d'autres objets précieux. Les archives
furent pillées, plusieurs tableaux de
Revel et Lebel détruits, et, ce qui est le
plus à regretter, un superbe morceau de
Michel-Ange de Caravage, représentant une *Nativité,* qui décorait la grand'-
chambre.

Le Parlement de Dijon a été une

école de magistrats si célèbres, que vous me pardonnerez d'ajouter à cette description du matériel quelques mots sur son origine et sa permanence.

Avant que le Parlement fût rendu sédentaire à Dijon, la justice s'administrait en Bourgogne par des baillis, chanceliers et auditeurs, qui se tenaient à Beaune pour les affaires du duché, et à Saint-Laurent de Châlon pour celles du comté d'Auxonne et terres d'outre-Saône. Les arrêts de cette Cour étaient sans appel, et ses assemblées, qui n'étaient convoquées que lorsque les affaires l'exigeaient, duraient à proportion des procès qu'on devait juger.

Le roi Jean et les ducs de Bourgogne de la seconde race nommèrent pour y présider le chancelier de Bourgogne, ou des magistrats tirés du Parlement de Paris. Après la mort de Charles-le-Téméraire, Louis xi ayant réuni le duché à sa couronne, établit dans cette province, par ses lettres datées d'Arras, du 18 mars 1476, une Cour souveraine, composée d'un président, de douze conseillers, un procureur général et deux avocats généraux, un greffier et cinq huissiers.

Cette Cour, installée à Dijon le 24 octobre 1480, par Jean d'Amboise, évêque d'Alby, devait commencer ses séances le 12 novembre de la même année, pour les continuer jusqu'au dimanche des Rameaux.

Avant la construction du palais actuel, le Parlement, qui ne fut déclaré sédentaire à Dijon qu'en 1494, siégeait à la Chambre - de - Ville; mais bientôt, en 1501, Louis XII fit commencer, dans une partie des jardins de la Chambre des Comptes, les premières constructions de cet édifice, qui fut successivement augmenté de plusieurs chambres, et embelli par ses successeurs.

Il semble que la justice, lasse d'errer d'asile en asile, cherche enfin à se reposer de ses longues traverses, en venant retrouver son antique demeure : depuis quelques mois des réparations ordonnées ont replacé les tribunaux dans le palais qui les renferma si long-temps.

En se dirigeant au sud, depuis la place Royale, nous rencontrons la rue Saint-Fiacre, à laquelle on a donné depuis quelques années le nom de rue Vauban. Saint Fiacre était comme on sait patron des jardiniers. Il y avait dans cette rue une espèce d'hôpital, dépendant de l'église de la Sainte-Chapelle, et qui servait de retraite à de vieilles servantes. Cet hôpital, devenu un magasin de sellier, ne sert plus aujourd'hui d'abri qu'à de vieilles voitures. Je suis fâché, je l'avoue, qu'on ait changé le nom de saint Fiacre pour celui de Vauban. Je trouve admirable qu'on donne aux rues, aux impasses, les noms de ces grands hommes *dont la patrie s'honore ;* mais je suis aussi tant soit peu de l'avis d'un très-grand et très-aimable auteur, qui dit quelque part que celui qui enrichit son pays d'un végétal est à ses yeux plus grand qu'Alexandre ou Charles XII. Or qui, plus que le bon saint Fiacre, a fait naître de ces plantes, de ces végétaux précieux, qu'on n'a plus besoin d'aller voir éclore en Perse, comme au temps de Lucullus.

Rue
Saint-Fiacre
ou
Vauban.

Il me semble que, sans déplacer personne, on eût avec plus de justesse
donné le nom de rue Vauban à celle
dont la maison paternelle du maréchal
de ce nom fait l'angle, à l'extrémité de
la place Saint-Jean. Nous trouverons ici
deux belles maisons. La cour de celle à
gauche est d'une architecture élégante :
elle forme un demi-cercle d'arcades décorées de festons et surmontées d'une
galerie ; deux tours ornées de lions,
d'une belle exécution, le réunissent à la
façade principale. Cette décoration est
due à un des ancêtres de M. Legouz
de Gerland, né d'une famille qui a laissé
tant de monumens de sa bienfaisance et
de son amour pour les arts. Un des côtés
de cette maison fait une partie de la rue
Rue de la Conciergerie ; il est d'une autre
de la époque et d'un style différent : on y re-
Conciergerie. marque quatre tourelles du dessin de
Hugues Sambin, Dijonnais, élève de
Michel-Ange, qui en a construit plusieurs à Dijon.

Rue La rue Madeleine a pris son nom
Madeleine. d'une église consacrée à cette sainte,

D M S   1816.

Rue de la Conciergerie.

Rue du Collège

dépendante d'une commanderie de l'ordre de Malte; mais, hélas! ce n'est plus Madeleine pécheresse, parée de tous ses ornemens, c'est une Madeleine repentante et fanée, dont il ne reste plus que le squelette : un cabaretier, un charbonnier, sont maintenant les hôtes de ce brillant palais. Au reste, si le dernier est maître chez lui, ce qui n'arrive pas à tout le monde, il peut encore y couler des jours filés d'or et de soie.

Nous ne parlerons pas dans les mêmes termes de l'habitation qui est vis-à-vis, c'est-à-dire de la Conciergerie : ceux qui y demeurent sont très-éloignés de voir filer leurs jours d'une matière aussi précieuse.

Conciergerie.

Encore quelques pas et nous aborderons une place de forme carrée, à laquelle on a enlevé son ancien nom de place des Cordeliers pour lui donner celui de place de la Réunion. Ce nom lui vient, dit-on, de celle des trois ordres en 1790. Nous ignorons si cette réunion, dont le temps a si bien fait voir les avantages et sur-tout la sincérité, a produit

Place des Cordeliers.

2

de meilleurs effets que celle qui, de
temps immémorial, y avait lieu les mer-
credi et samedi de chaque semaine. Là,
de nombreux échantillons des règnes
végétal, animal et fluviatile, se trouvaient rassemblés, et ne laissaient que
l'embarras du choix aux amateurs. Nos
citoyens s'y entretenaient uniquement
des nouvelles du quartier : la Bérésina,
la colonne de Pompée étaient pour eux
des objets inconnus, et la perte de tous
les chevaux de Venise ne leur eût pas
arraché un soupir. Nombre de gens de
loi et de plume,

> Dans le simple appareil
> D'un procureur qu'on vient d'arracher au sommeil.

C'est-à-dire pour parler sans figure, en
bonnet de nuit et en robe de chambre,
voltigeant de paniers en paniers, pré-
ludaient par cet innocent passe-temps
aux graves occupations de la justice.

Les bâtimens qui règnent autour de
cette place sont soignés sans avoir rien
de bien remarquable ; son aspect général
est riant. On a percé dans le jardin des
Cordeliers une rue à laquelle on a donné

Vue de la Porte S.t Pierre.

le nom de l'intendant Turgot : production moderne, elle est à moitié pavée, tortueuse, et la boue y séjourne toute l'année, parce que l'aqueduc qui la termine est plus élevé que la rue elle-même.

Cette rue, large et très-gaie, aboutit à deux pilastres ornés de médaillons. Nous vous invitons à pénétrer dans un jardin qui occupe la totalité du bastion voûté ; il est très-bien décoré, et vous jouirez sur plusieurs points d'une vue charmante et très-variée. *Rue Saint-Pierre.*

Le premier objet que vous apercevrez après la montée sera, du côté de la campagne, la porte Saint-Pierre surmontée d'un pavillon. Ce pavillon appartient au jardin dont nous venons de parler. Plus loin, vous découvrirez l'entrée du Cours. *Porte Saint-Pierre.*

Ce rempart est le plus beau, le plus large et le mieux entretenu ; il est d'environ trois cent cinquante toises. Parvenu au tiers de sa longueur, au point où la rue Turgot s'y joint, on aperçoit à sa droite une grande partie de la ville : vous y distinguerez un groupe d'églises d'une très-belle forme : Saint-Benigne, Saint-Jean et Saint-Philibert. Ce n'est pas sans raison qu'Henri IV surnommait Dijon la ville aux beaux clochers : nulle part cette observation n'est plus juste.

Plus loin, à la seconde coupure, on voit le développement entier des montagnes dites de la Côte-d'Or et le Mont-Afrique qui domine sur elles; une partie du faubourg d'Ouche; enfin, pour premier plan, le bastion planté d'arbres sur lequel on a construit une salle de danse.

Tivoli ou Wauxhall.

Ce lieu, dans son origine, qui date d'environ trente-six ans, portait le nom de Wauxhall; il le conserva tant que les Anglais nous apportèrent leur argent et leurs personnes; quand la révolution nous en priva, il prit le nom de Tivoli, à l'imitation d'un établissement de ce genre dans la capitale. Pendant le séjour d'un très-grand nombre d'officiers espagnols, prisonniers de guerre, il eût pu tout aussi bien prendre le nom de *Buen-Retiro*, car ils y affluaient; aujourd'hui nombre de fort honnêtes gens

Rempart du Tivoli.

D.N.f. 195

Entrée du Pont de l'Ouche.

s'y retirent tous les dimanches et fêtes pour y danser au son des instrumens à vent et à cordes, et d'un cor sur-tout dont les sons perçans se font entendre aux extrémités de la ville.

Nous vous invitons à vous arrêter un moment avant de descendre à la porte d'Ouche, et à contempler l'agréable perspective qui se déploie devant vous : à vos pieds des vergers, plus loin la rivière, le pont qui la traverse et les bâtimens de l'Hôpital; sur un plan plus éloigné l'enclos des anciens Chartreux et les montagnes. Ce tableau, du genre le plus gracieux et le plus frais, est dans toute sa beauté vers onze heures du matin.

La porte d'Ouche n'est, à proprement parler, qu'une large barrière fort ornée : une belle grille est renfermée entre deux pilastres surmontés de trophées d'armes. Cette porte est vis-à-vis une petite place à laquelle aboutissent deux rues; celle à droite mène à la place du Morimont et à l'église Saint-Jean; celle à gauche, à l'église et à la place Saint-Benigne.

Porte d'Ouche.

Comme nous sommes convenus de ne point nous laisser tenter par les objets secondaires, nous continuons notre course sans sortir de la ville, et nous montons sur le rempart dit des Bénédictins ou de la Miséricorde. Parvenu au point le plus élevé, en se retournant du côté de la porte d'Ouche, on découvre le pont, la rivière et les masses d'arbres qui entourent Tivoli. Ce quinconce a été planté en 1716. Autrefois on pénétrait jusqu'au mur qui borde la rivière; aujourd'hui, quand il n'est pas, tous les dimanches, animé par les nombreux élèves de Terpsychore, ce lieu ne sert de retraite qu'à quelques volatiles de basse-cour, et ressemble parfaitement à une ferme mal ornée.

Lycée.

Les vastes bâtimens du Lycée sont plus loin à droite; l'église Saint-Benigne leur sert de repoussoir, et s'en détache parfaitement à l'aide du ton rembruni que les siècles ont donné à cette antique abbaye.

Porte Condé.

La porte Condé est un arc moderne élevé quelques années avant la révolution; il est aujourd'hui surmonté d'une décoration représentant une victoire traînée dans un quadrige. Cette décoration n'est que momentanée, et on la conservera le plus possible au moyen de quelques soins et de réparations.

Le Château présente dans sa masse un aspect fort pittoresque. Ses tours à moitié ruinées et couvertes de broussailles, ont, dans un espace de temps fort court, datant du milieu du 14.ᵉ siècle, éprouvé beaucoup plus de dégradations que des édifices bien plus anciens : l'amour de la destruction et la négligence ont plus fait que le temps. On est étonné de rencontrer en Suisse et en Angleterre des monumens des 10.ᵉ et 11.ᵉ siècles, qui semblent n'avoir éprouvé aucune des atteintes ordinaires du temps. Heureux effet de l'amour de l'ordre, dont nous sommes très-loin encore! L'intérieur de cette forteresse fut passablement soigné dans le temps où il logeait un Commandant du Roi. Pendant la terreur, rempli jusqu'aux combles, il servit à loger *une partie* des

Château.

victimes qu'on destinait à l'échaffaud.
Aujourd'hui c'est un corps de gendar-
merie qui l'occupe. Mais ne songeons
qu'à l'extérieur, car des citadelles et
des hôpitaux nous dirons volontiers :

*O felix nimiùm, si tecta horrentia lethi
Quis tantùm videat procul!*

Heureux celui qui ne voit que de loin l'asile
effrayant du trépas !

Ne voyons donc ce vieux château
respectable qu'à travers les maronniers
du rempart; admirons comme il se compose bien avec eux. Si cependant la
curiosité vous stimule un peu trop fort,
montez sur une des tours qui joignent
le jardin, vous aurez un magasin de
ruines assez intéressant, et presqu'un
champ d'études pour un peintre.

Si vous voulez quelque chose de plus,
nous ajouterons qu'il fut bâti dans le
milieu du 14.ᵉ siècle, par Louis xi,
terminé par Louis xii, et assiégé par
les Suisses en 1513, sous la conduite de
Watteville : ce siège fut long pour une
place qui nous paraît aujourd'hui hors

Vue du Château.

CDM Del Et Sculp. Cette vue et prise 1817 du Coté de la Campagne.

Vue du Château.

d'état de faire la moindre défense. Depuis près de trois cents ans, Dijon ne se
souvenait plus qu'il avait eu l'honneur
d'être une ville de guerre; il s'en est
rappelé en 1813 avec toute l'Europe.

Du côté de la campagne, il y avait
un pont de secours qui fut détruit en
1793, pour éviter que quelqu'infortuné
prisonnier pût se dérober à la mort
qu'on lui réservait. La porte qui regarde
de ce côté est mieux conservée que les
autres; son architecture est plus fantas-
tique : on y remarque des porcs-épics,
et les deux anges, supports des armes
de Louis xi.

Nous nous dirigeons maintenant tout-
à-fait du côté du nord, et, comme de
raison, l'aspect de la campagne doit y
prendre une teinte plus sombre. Cependant la vue de la promenade du Cours
Fleury, dont on aperçoit le développement dans une partie de sa longueur,
bordée par le ruisseau de Suzon, em-
bellit le paysage.

Ce cours, appelé Cours Fleury, du Cours
nom d'un ancien intendant de Bour- Fleury.

gogne, qui le fit planter, a dû à l'é-
loignement où il est de toute cohue, et à
son obscurité, l'état de conservation où
il se trouve aujourd'hui. Pour être heureux il faut savoir se cacher et cacher
sa vie : cet adage, destiné à l'espèce hu-
maine, s'applique ici parfaitement; et
tandis que nous voyons nos autres plan-
tations dégradées, nos murs détruits, et
que la hache du mal intentionné s'exerce
sur nos arbres comme au sein d'une
forêt communale, riche de sa solitude et
de son obscurité, le cours Fleury semble
communiquer à l'ame de ceux qui s'y
promènent une partie de la tranquillité
qui n'a jamais quitté son ombrage.

Porte
Saint-Nicolas.
La tour Saint-Nicolas se trouvait, il
y a quelques années, à l'extrémité de la
rue du même nom, et du rempart que
nous quittons à présent. Il importe fort
peu, maintenant qu'elle est détruite,
d'apprendre qu'elle avait été bâtie en
1137, puis rebâtie en 1443, et abaissée à
une autre époque pour punir les habitans
factieux, à peu près comme on ferait
voler le chapeau de la tête d'un insolent.

D. M. Fec.

1826.

Porte St. Nicolas.

Cette tour, qui n'était plus d'une grande utilité contre des projets hostiles, l'était infiniment pour préserver la rue entière des rhumes et des catharres : depuis sa destruction, les fiers enfans du pôle y pénètrent avec toute leur suite et leur furie, et l'habitant regrette, mais trop tard, cette masse protectrice.

Nous ignorons l'ancien nom que portait le boulevart où nous entrons. A la moitié de sa longueur, deux décorations le bordent, l'une et l'autre dépendantes de l'hôtel de M. de Montigny; comme elles en sont les objets les plus remarquables, elles sont probablement la cause que le peuple lui a donné ce nom. L'une d'elles consiste dans une colonnade à jour, d'ordre dorique; elle offre à travers, la vue d'un jardin planté à l'anglaise, qui appartient aujourd'hui à M. de Monceau, premier président de la Cour. Cet hôtel renferme plusieurs tableaux précieux, des paysages du Guaspre, un tableau du Poussin, etc.

Arrivés à la Porte-Neuve, nous n'avons plus qu'un rempart pour terminer notre

Boulevart Montigny.

Porte-Neuve.

course circulaire. On l'appelle des Ur-
sulines, parce qu'à peu près à moitié de
sa longueur une descente conduisait à
l'ancien couvent de ce nom qui sert aujourd'hui de caserne. Exposé au levant,
on découvre les Argentières, la Fontaine
des Suisses et le Jardin des Plantes. Il
est le rendez-vous ordinaire, en été, des
légistes répétant leurs cahiers, des poètes
heureux ou malheureux, des acteurs
étudiant leurs rôles.

La vue générale de Dijon, placée
en tête de cet ouvrage, est prise depuis
la Fontaine des Suisses. Dans les vers
écrits à l'angle de cette vue, on a voulu peindre la tranquillité qui règne aujourd'hui dans une place que les siècles
passés ont vue si bruyante. Elle est un
des points des environs, d'où la ville se
déploie d'une manière plus favorable.

Hic olim armorum clangor, vocesque minaces,
Nunc hilares pueri lusus, fontisque susurrum.

Dans ces lieux qui retentirent jadis du bruit
des armes et des voix menaçantes des soldats,
on n'entend plus que les jeux de l'enfance et
le murmure de la fontaine.

Ancienne S.te Chapelle.

Intérieur de la Ville, et Description des Monumens civils et religieux.

L'ANCIENNE Cathédrale, sous le nom de Saint-Etienne, est ce qui fait aujourd'hui le Marché au blé. La réunion de trois églises considérables dans un espace circonscrit, donnait à ce quartier de la ville un air solide et plein, s'il est permis de s'exprimer ainsi. La place Saint-Etienne touche à la grande et large rue Saint-Vincent, qui conduit à Saint-Michel, et à la rue où s'élevait la Sainte-Chapelle : de ces trois églises, Saint-Michel seul subsiste.

La Sainte-Chapelle (on n'en comptait que trois en France, celles de Paris, Dijon et Bourges) avait été construite et dotée par nos anciens ducs, de la manière la plus brillante ; plusieurs princes et grands seigneurs lui avaient souvent offert des présens, hommages de leur

S.ᵉ-Chapelle.

piété. Le vase qui renfermait la sainte hostie, et la couronne qui le surmontait, étaient un don de Louis XII. Un clergé nombreux, une musique excellente procuraient à peu de frais un spectacle dont le résultat n'était pas au moins de corrompre les mœurs. On y admirait des vitraux qui ont été brisés et vendus à vil prix à quelques Anglais : ils étaient tellement remarquables par la beauté de leur dessin et la vivacité de leurs couleurs, que c'était un proverbe usité parmi nos vignerons, pour désigner la belle couleur du vin, de dire qu'il était couleur des vitraux de la Sainte-Chapelle. De ces voûtes majestueuses il ne reste debout que quelques arceaux isolés au milieu d'une vaste enceinte. Cet emplacement fut destiné à une salle de Spectacle, c'est-à-dire à voir les enfans danser sur les os de leurs pères : ce projet ne fut point réalisé, le gouvernement rapace de ce temps-là s'étant emparé des fonds réservés, les a dévorés comme il a dévoré les hommes. Ce lieu, après avoir fait un des quartiers les plus agréables, n'offre plus aujourd'hui que l'aspect hideux de la misère et du désordre ; quelquefois cependant, par un beau jour, ce vaste assemblage de ruines et de souvenirs se colore d'une teinte moins lugubre, et semble dire à celui qui les regrette :

Oui, les tristes débris de ces voûtes sacrées,
Des fils de Saint-Louis béniront le retour ;
Plus vastes, plus brillans, ils reverront un jour
D'un peuple de martyrs les ombres consolées.

Pourquoi ne rassemblerait-on pas quelques-unes de ces pierres éparses, et ne bâtirait-on pas, au milieu de cette solitude, une chapelle pauvre et humble, *une Sainte - Chapelle ?* pourquoi n'y graverait-on pas les noms de ces victimes de leur foi et de leur fidélité à leur maître ? Croit-on qu'il fût complétement inutile d'apprendre à une foule d'indifférens ou d'incrédules le nom de ces justes qui n'ont pas pâli à l'aspect de leurs bourreaux.

Sur la place Saint-Etienne était bâtie l'église de ce nom, devenue, comme

Place Saint-Etienne.

nous l'avons dit, le Marché aux grains.
Le portail seul subsiste encore. Il fut
bâti sur les dessins de Noinville, voyer
de Dijon, élève de Mansard, et ne fut
terminé qu'en 1721 ; ainsi, sa durée,
comme monument religieux, n'a été
que d'environ soixante-dix ans. Le bas-
relief, représentant *la Mort de saint
Etienne,* a été transporté à St.-Benigne,
présentement la cathédrale : il était l'ouvrage de Bouchardon. La place Saint-
Etienne est gaie, ses bâtimens sont assez
réguliers : on y remarque la porte gothique de l'ancien Evêché.

Saint-Michel.   Le beau portail de Saint-Michel se
présente en face et dans tout son développement, à l'extrémité d'une rue très-
large, appelée rue Saint-Vincent, du
nom d'une ancienne chapelle détruite
sur la fin du 17.e siècle : elle était
devenue une espèce d'oratoire où l'on
disait la messe. Les maisons, situées
dans le voisinage, et qui appartenaient
au chapitre de Saint-Claude, ont conservé le nom de Cour Saint-Vincent. On
voit encore, dans un des murs de cette

Portail St. Michel.

rue ; une inscription, gravée sur un marbre noir, qui rappelle cet événement.

Saint-Michel a toujours été, dès l'instant de sa première construction, dirigé du côté du couchant, et *extrà muros*.

Lorsque je dis *extrà muros*, je n'entends parler que des murs qui formaient l'enceinte intérieure du *castrum divionense*, et non des murs neufs qui entourent actuellement notre ville. Cette église n'a été dégagée, dans sa façade, du pan de mur, portion du *castrum divionense*, qu'en 1570, de façon qu'elle était réellement, avant cette époque, *extrà muros interiores*. Voici à peu près l'historique très-abrégé des divers changemens qu'elle a subis :

Garnier de Mailly, onzième abbé de Saint-Etienne, aidé par Aldéric, un de ses chanoines, la fit reconstruire en pierre telle qu'elle est, sans les collatéraux ni les décorations du portail, les trois arcs de la partie inférieure exceptés. Elle n'avait point alors le chœur ajouté depuis. Cette église de l'abbé de

Maillÿ ne fut bénite qu'en 1020. Le col-
latéral, du côté de la Comédie, en pierre
aujourd'hui, était alors en bois, et fut
construit en 1338, par Guinet, dit Gardit,
bourgeois à Dijon, pour y placer les
ossemens de ses ancêtres, enterrés au
cimetière de cette paroisse.

Ce cimetière s'étendait beaucoup alors
sur la place dite de Saint-Michel; il
était entouré d'un mur à hauteur d'ap-
pui, formé de grosses pierres de taille,
ainsi que le sont nos cimetières de campagne.

En 1497 on résolut de réparer cette
église; son étendue fut augmentée par
la construction du chœur actuel, dont
l'emplacement fut pris sur son cimetière,
et l'église fut consacrée en 1529. Cependant, à cette époque le portail n'était
point achevé : il ne le fut que par l'élé-
vation des deux tours, dont la dernière
fut finie en 1667. M. Henri Chambel-
lan, général des monnaies; M. le président Philippe Fyot de la Marche, père
de l'abbé Fyot, fournirent des sommes
considérables pour ces réparations; Be-

nigne Laverne, président du Parlement,
dont les armes sont à plusieurs clefs de
la voûte, y coopéra également.

Nous avons dit tout-à-l'heure que le
mur du *castrum divionense* n'avait été
tout-à-fait détruit qu'en 1570 ; avant
cette époque il n'y avait dans l'enceinte
de ce *castrum* que deux places, dites
places de Bataille, l'une devant la Sainte-
Chapelle, l'autre devant le portail de
Saint-Michel : dans cette dernière on
établissait des étaux et bancs à merciers,
que l'on amodiait au profit de la ville.
L'étendue de cette place fut encore augmentée, en 1680, par la destruction
complète de l'ancienne église de Saint-
Médard, d'après les ordres de Louis XIV,
donnés en 1678, pour l'embellissement
et l'élargissement des rues ; car alors
on recula toutes les façades des maisons
à l'alignement du portail de la Sainte-
Chapelle, jusqu'à l'angle septentrional
du portail de Saint-Michel. On voit par
là la raison de la largeur de la rue Saint-
Vincent, dans un siècle où l'on ne trouvait encore que des rues tortueuses et

étroites : cette largeur est due aussi à
ce qu'elle a été formée au milieu d'une
vaste enceinte.

Le vaisseau de l'église, très-beau et
bien décoré, a cent quatre-vingt-huit
pieds de long, soixante de large et
soixante-quatre de hauteur.

Dans une chapelle latérale, du côté
de la porte du midi, il y avait un très-
grand bas-relief en hauteur, représentant *la Chute des Anges et leur Entrée
dans le lieu du Supplice éternel.* Je
me rappelle encore l'impression profonde qu'il faisait sur plusieurs enfans.
Il a été, dit-on, funeste à quelques
femmes.

Nous approuvons cette destruction,
sans tirer à conséquence. Quelques personnes prétendent qu'il n'y a que les
établissemens utiles qui survivent aux
révolutions; cette thèse est bien générale, car il en est, sauf erreur, quelques-
uns dont l'inutilité est au moins un
problême, et qui ont été anéantis, tels
que les biens du collége, des hôpitaux,
plusieurs autres enfin, dont je crois que

ceux qui soutiennent cette opinion n'ont pas un catalogue bien exact.

Le portail est formé de trois arcades à plein cintre, surmontées de petits dômes du dessin de Hugues Sambin. Le temps a donné à ce portail une teinte chaude et colorée; le soleil à son couchant y produit un effet admirable.

On y voit quelques tableaux qui ne sont pas sans mérite : vis-à-vis la chapelle méridionale, est une composition de Nanini, peintre bolonais, représentant *saint Jacques que l'on conduit au martyre;* il est peint sur une toile grossière, mais d'un très-bon ton de couleur et d'une grande fierté de dessin; les têtes ont beaucoup d'expression.

Vis-à-vis est un tableau représentant *une Annonciation,* qui ne manque pas de couleur, mais qui a moins de liberté et plus de sécheresse.

Dans une des chapelles collatérales, à gauche, il y a une fresque représentant *la Résurrection de la Vierge,* d'une très-belle ordonnance et d'un dessin très-pur.

Nous invitons également l'amateur
à examiner le bas-relief placé à la principale entrée : il est de la main de
Hugues Sambin, et représente *le Juge-*
ment dernier; il y a beaucoup de variété
dans les attitudes, et la composition en
est bien ordonnée; il est d'une grande
dimension, bien que les figures du premier plan n'aient guères qu'un pied de
hauteur.

Rue
de
la Comédie.

En sortant par la porte du côté du
sud, on entre dans la rue de la Comédie.
Un des côtés est décoré de bâtimens
très-réguliers; de l'autre, ce sont les
murs d'un fort grand jardin dépendant
de l'ancien Evêché. A l'extrémité de
cette rue on jouit d'un point de vue
extrêmement agréable, de l'église Saint-
Michel et de quelques autres bâtimens
sur la droite. Cette vue fait le sujet de
la planche XVIII. La salle de la Comédie,
appropriée à cet usage dans l'année 1743,
n'était auparavant qu'un jeu de paume
ou tripot, ce qui fait que la décoration
intérieure n'a pu lui faire perdre cette
forme allongée et ellyptique que n'ont

Rue de la Comedie.

plus les autres théâtres de villes moins étendues. Une espèce de reproche ; supporté toujours avec impatience par le Bourguignon, est lorsque dans le cours de ses voyages, aimant à s'étendre avec complaisance sur les beautés de sa ville natale qu'il porte aux nues, quand il en est loin, on lui ferme inhumainement la bouche en lui parlant de la salle de Spectacle ; il se tait alors en murmurant, et cependant ce n'est pas sa faute ni celle des habitans ! Vingt fois des projets résolus, des plans et des fonds arrêtés, ont reçu, par un sort malencontreux, une autre destination. Il a fallu la guerre de Russie pour que nous soyons forcés de nous en tenir à notre jeu de paume.

Depuis quelques années les affiches, devenues du double de la longueur ordinaire, étaient des foyers d'instruction ; nous aurions eu bientôt à regretter qu'on n'eût pas donné suite à l'invention d'un de nos compatriotes qui fabrique, dit-on, du papier d'une longueur indéfinie. Presque toujours elles nous donnaient l'extrait de la pièce et le jugement que nous en devions porter : tantôt *Jean de Paris* arrivait précédé de ses qualités physiques et morales ; une autre fois on voyait en gros caractères, *OEdipe*, ou *l'Inceste :* on approchait en frémissant, et l'on trouvait qu'*OEdipe,* ou *l'Inceste,* serait orné de tout le charme dont il est susceptible ; *la Mère coupable,* ou *l'Adultère,* paraissait aussi ornée de tous ses charmes. Il est vrai qu'on pouvait avoir pour se dérider, M. un tel qui joue du violon entre les deux pièces, et qui n'a qu'un an de leçon ; mais que ce plaisir était loin de celui qu'a pu faire dernièrement aux Dijonnais M.ʰᵉ Régnault, *de la Chapelle du Roi,* dans le rôle de Colombine !

Hôtel-de-Ville.   Nous sommes extrêmement près de l'Hôtel-de-Ville. Avant d'entrer dans des détails sur ce qu'il renferme de moderne, nous devons vous dire un mot de son origine. « Il appartenait » au chancelier Rollin, sous Philippe- » le-Bon, en 1422. Les Officiers muni- » cipaux l'achetèrent 3300 livres, en » 1490. Les Ambassadeurs suisses, allant

» à Paris pour jurer l'alliance renou-
» velée pour vingt-neuf ans, passèrent
» par Dijon, où ils furent traités à la
» Maison-de-Ville, le 11 novembre 1582,
» premier banquet que la ville ait
» donné à des étrangers * ».

La façade de l'Hôtel-de-Ville est fort
simple et bâtie sur les dessins de Gabriel. L'escalier est vaste et fort commode. On entre d'abord dans une pièce
peu ornée ; la seconde ensuite est bien
décorée : deux figures sculptées sont
aux deux côtés de la cheminée, représentant *la Force* et *la Justice ;* le pla-
fond est à compartimens, très-chargé
d'ornemens, dont plusieurs sont d'un
style très-pur. Sous le rapport de la cor-
rection du dessin, nous n'inviterons pas
à examiner une tapisserie très-antique
qui se trouve dans cette même salle,
mais elle est curieuse en ce que, faite
peu de temps après la levée du siége
de Dijon par les Suisses, en 1513, on y

* Courtépée, t. II, p. 130.

trouve grossièrement exprimé, mais cependant d'une manière reconnaissable, les édifices du temps : on y reconnaît encore Saint-Benigne, la tour du Logis-du-Roi, la Sainte-Chapelle; les personnages y sont occupés d'une procession, et dans une autre partie de la tapisserie le maire de Cirey est représenté conférant avec les chefs suisses pour en obtenir une capitulation honorable.

Rue du Griffon. Fort près de l'Hôtel-de-Ville on voit une façade de maison très-bien conservée. Cette maison était à la famille Pouffier depuis long-temps; les ornemens y sont nombreux et consistent en festons et en cariatides à chaque étage, placés à des intervalles peu éloignés; ces cariatides sculptées alternativement sur deux rangs, représentent des femmes et des chevaliers dans l'habillement du siècle. M. Girault remarque que c'est à la singularité des armoiries, qui étaient une marmite pleine de fleurs, qu'elles doivent de n'avoir pas été détruites.

M. Pouffier, dernier de cette famille,

est le fondateur de l'Académie des Sciences ; il a en outre doté le doyenné du Parlement de la terre d'Aiserey et de sa maison, rue Vertbois.

Assez près de l'Hôtel-de-Ville et de cette rue Pouffier, on trouve l'ancien bâtiment des Halles qui n'a rien de remarquable que d'avoir été construit par la ville en 1426, sur un emplacement appartenant à la famille Champeaux. Maintenant que nous avons moins de commerce, ces emplacemens se sont multipliés, et l'immense église de Saint-Jean sert alternativement de magasin de foin et de paille, d'écurie, ou de boutique pour le pain d'épices. Au surplus nous pouvons compter les Halles, comme disait le bon La Fontaine, pour chose peu nécessaire ; notre ville est une foire perpétuelle : des marchands roulans, ambulans, volans de toutes les parties de la France, viennent nous accabler de marchandises les meilleures du monde, à 30 pour 100 au-dessous du cours, et à plus bas prix encore ; car selon les *Petites Affiches* de Dijon,

Halles.

on y trouve du drap excellent à 18 sous
l'aune. Vous conviendrez qu'il est bien
séduisant pour nous qui payons les pa-
vés et les octrois, de voir les habitués du
Chapeau-Rouge ou de la Ville-de-Lyon,
se fatiguer à auner des étoffes pour
habiller maîtres et valets.

Rues
du
Champ-de-Mars

Ce sont deux rues parallèles, où,
dit-on, se trouvait au 15.e siècle une
fontaine ornée de très-beaux bas-reliefs.

Rue
Charbonnerie.

Ces deux rues aboutissent à la rue
Charbonnerie, où est l'hôtel de la Préfecture, dont nous parlerons ci-après
plus en détail; elle est une des plus belles
et des plus larges de toute la ville,
terminée à une de ses extrémités par la
porte dite au Fermerot, effectivement
fermée il y a environ deux siècles ; depuis, comme le temple de Janus, elle ne
s'est point rouverte lorsque les peuples
du nord sont venus nous visiter. L'autre
extrémité aboutit à la place du même
nom.

Place
Charbonnerie.

Cette place est décorée d'assez beaux
édifices : on y voit l'église Notre-Dame
et son portail sous un aspect fort in-

Portail N.^{tre} Dame

téressant. Sur un des côtés se trouve l'ancien hôtel Vergy, rebâti à neuf en grande partie, mais dans lequel on a conservé quelques appartemens d'une antique magnificence.

Nous revenons sur nos pas à l'hôtel de la Préfecture. Il était jadis la propriété d'un particulier, et maintenant c'est celle du public. Ce beau bâtiment a été élevé par M. de Lantenay, en 1750, sur les dessins de Lenoir. *Préfecture.*

L'église Notre-Dame, la troisième des paroisses subsistantes, a un portail de style gothique, mais qui a beaucoup de rapport avec les édifices moresques. Ce n'est point, comme dans les portails ordinaires, une grande porte accolée à deux autres, au-dessus de laquelle s'élève un grand vitrage de forme circulaire, dont l'intérieur est divisé par plusieurs ornemens plus ou moins délicats : ici, c'est un péristile composé de plusieurs arcades gothiques, dont les piliers sont extrêmement grêles et multipliés ; au-dessus s'offre une masse carrée et pleine, d'une grande dimension, sans ouver- *Notre-Dame.*

ture, ce qui, selon nous, constitue son rapport avec les édifices moresques. A cette masse l'architecte a appliqué des colonnes très - multipliées , formant deux rangs d'arcades. Le tout présente un ensemble fort piquant et d'un grand effet, à raison des masses d'ombre et de lumière qu'il nécessite. A droite est une horloge qui depuis l'année 1382 que Philippe-le-Bon, duc de Bourgogne, en fit présent à Dijon, aux dépens de la ville de Courtrai, est l'objet de l'admiration de tous les badauds. Ils écoutent la bouche béante l'heure qui sonne , et quand le marteau alternatif a cessé de frapper, ils semblent peinés de ne plus rien entendre. Ce qu'il y a de singulier, c'est que j'ai vu des gens qui n'étaient point de cette classe, s'arrêter aussi. Existerait-il un sentiment secret, qui nous fit voir avec intérêt, ces deux figures informes, qui depuis plusieurs siècles ont été témoins de tant d'événemens, et dont le marteau impassible a sonné la première et la dernière heure de tant de générations ?

Jacques Marc, mécanicien flamand,

Vue d'une partie de l'Eglise N.re Dame de Dijon.

D.M del. inc.

dont le peuple a fait Jacquemart, est l'auteur de cette horloge, le plus beau, dit Froissard, historien contemporain, qu'on pût trouver deçà et de là les mers.

L'intérieur du vaisseau, quoique d'un style également gothique, a cependant des colonnes plus rapprochées du genre de l'architecture moderne; les chapitaux ont une sorte d'affinité avec l'ordre co- rinthien. Le chœur est décoré de quatre grands tableaux de Revel, très-bonnes copies d'après des originaux des plus grands maîtres, tels que *la Transfigu- ration*, de Raphael; *le Saint - Esprit descendant sur les Apôtres*, par Jouve- net, etc. On voit dans une chapelle de la nef un autre tableau entièrement du même peintre, dont le coloris et l'ordon- nance sont fort bons : le sujet est une *Annonciation*. Le fond du chœur est orné d'une *Assomption de la Vierge*, ouvrage de Dubois, et un de ses plus distingués.

Les colonnes des galeries qui font le pourtour de la nef et du chœur, ont

depuis quinze à vingt-cinq pieds de hauteur, n'ont que six pouces de diamètre,
et sont d'une seule pièce.

Si vous aimez à ne rien échapper,
lisez l'épitaphe suivante, d'un curé fu-
gitif, mort sur une terre étrangère, dans
un exil honorable; elle est touchante, et
fait honneur à ceux qui l'ont dictée :

D. O. M.

Benig. LE MOINE, divion.,

HUJUS ECCLESIAE PASTOR ET EXEMPLUM,

PAUPERUM PATER,

MORIENTIUM EXIMIUS CONSOLATOR,

PUBLICIS DEJECTUS PROCELLIS,

MULTA PRO FIDE, PRO REGE PASSUS,

EXUL,

CAPTIVIS NOSTRATIBUS INSERVIENS,

LUE QUA NECABANTUR CORREPTUS,

Posonii occubuit,

DIE 30 9.bris, ANNO S. 1813,

AETATIS SUAE 77.

Optimi sacerdotis cineres absunt,

MEMORIA VIGET.

HOCCE PIETATIS MONUMENTUM

AVUNCULO DILECTISSIMO

Benign. et Stephan. PONCET, diviónenses,

P.

Du sommet du clocher on découvre toute la ville à vol d'oiseau : cette place est préférable aux autres points élevés d'où l'on peut jouir du même avantage. La tour du Logis-du-Roi qui se trouve en face et qui sert de premier plan, est d'un effet admirable. J'invite le dessinateur à choisir cet endroit pour y composer son panorama.

Derrière le chœur de cette église est la rue de la Chouette, nommée ainsi d'une chouette sculptée sur un des arcs-boutans de l'église : l'hôtel Vogué s'y trouve. Aucune description de Dijon n'a, ce me semble, fait remarquer la beauté des ornemens, tant de la porte extérieure que de l'intérieur de la cour de cet hôtel. Il est devenu depuis long-temps une des possessions de la maison de Vogué, par le mariage de l'héritière de la maison de Versalieu avec le comte de Vogué, mort depuis quelques années.

Rue de la Chouette.

Les amateurs d'antiquités du moyen âge trouveront dans cette rue de quoi se satisfaire. Nous leur indiquons, dans

Rue des Forges.

4

l'intérieur de plusieurs maisons, des restes très-bien conservés d'un hôtel où logeaient les ambassadeurs d'Angleterre à la Cour de Bourgogne ; un des fils d'Henri IV, roi d'Angleterre, en fit aussi, en 1423, sa demeure passagère : ainsi son origine date au moins du milieu du 13.e siècle. Ce qui est le mieux conservé est une petite cour intérieure, dans laquelle est un escalier tournant, dont la voûte du sommet est soutenue par une espèce de cariatide de mauvais goût, représentant un homme portant une corbeille de fleurs : cette cour ne forme qu'une portion de l'ancien hôtel, le reste ayant probablement été démoli à différentes époques.

Rue de Condé. Près de la rue des Forges est la rue de Condé, dont les façades n'ont été construites qu'en 1723, dans le même style de la place Royale, quoique celle-ci date de 1686. Elle est tirée au cordeau, et fort régulière ; mais l'intérieur des maisons est triste et sombre, les escaliers mal placés et la distribution peu commode. Ce n'est que depuis quelques années qu'on est parvenu à construire des appartemens appropriés spécialement aux usages de la vie civile; encore les Anglais nous font-ils le reproche de les rendre trop dépendans les uns des autres, c'est-à-dire que pour parvenir à un appartement où l'on ait chaud en hiver, il faut traverser plusieurs autres pièces qui deviennent alors parfaitement inutiles; ils nous reprochent encore l'énormité des fenêtres, infiniment diminuées cependant depuis quelque temps. En vérité, je ne puis songer, sans frissonner, à une vieille douairière, dans un immense salon, en contact avec l'air extérieur par une cheminée de trois pieds de profondeur; il faut qu'il y ait des grâces d'état, car j'en connais qui les regrettent.

Elle renferme beaucoup d'hôtelleries dont plusieurs ont perdu le nom qu'elles portaient anciennement : la révolution qui, par le moyen des noms a tant influé sur les choses, a changé ceux de toutes ces auberges ; les chapeaux de cardinaux sont devenus des bonnets de

Rue Guillaume,

liberté, les ducs de Bourgogne des Côtes-
d'Or; saint Martin et saint André ont
été convertis en hussards nationaux, etc.
Il existait encore dans cette même rue
un jeu de paume très-fréquenté, qu'on
a détruit : il était le reste de sept, tous
en pleine activité à une certaine époque.
Ce jeu est, sous tous les rapports, bien
regrettable : jeunes et vieux y trouvaient
la santé et le plaisir. La rue Guillaume
se termine à la porte du même nom, au
point d'intersection des deux routes de
Paris par Troyes et par Auxerre.

Place
Saint-Jean.
La rue de l'Oratoire, maintenant
Bossuet, aboutit à la place Saint-Jean,
une des plus vastes de la ville et des
mieux ornées : sa forme est oblongue.
L'ancienne église de ce nom sert aujour-
d'hui de magasin. Un hôtel, à droite,
ayant appartenu jadis à la famille Fevret
de Fontette, s'y fait remarquer. Plus
loin est la place du Morimont, où se termine l'existence de plusieurs héros de
grand chemin, dont le nombre s'est fort
accru depuis quelques années.

On tirait autrefois, la veille de la fête

Place St Jean.

Place St. Philibert.

de Saint-Jean, sur la place de ce nom; un feu d'artifice, auquel le maire, en robe de velours violet, suivi de ses échevins, mettait le feu en cérémonie ; une grande foule l'accompagnait toujours, et poussait des cris à chaque fusée qui éclatait. Henri iv, roi de France, y mit le feu lui-même en 1595, le 23 juin, à huit heures après souper.

Si, au lieu de traverser la place Saint-Jean dans sa longueur, vous allez tout de suite à droite, vous arriverez à la place Saint-Philibert, dont un des côtés est entièrement composé du flanc de l'église Saint-Benigne. Ce vaisseau, très-beau et très-vaste, était jadis une riche abbaye de Bénédictins : elle est devenue une cathédrale pauvre, malgré l'asile, souvent violé, qu'elle a prêté à nos monumens rares, échappés au marteau de nos modernes iconoclastes. Bâtie au 13.e siècle, son portail, plus ancien, l'a été dans le 11e. Vous ne trouverez pas ici la légéreté qu'on admire souvent dans les constructions gothiques; les chapitaux des petites colonnes des gale-

Place Saint-Philibert.

Saint-Benigne.

ries sont sans aucun ornement , et ont
l'air massif ; sa longueur est de cent
quatre-vingts pieds, sa hauteur d'environ
soixante-quinze pieds. Elle est actuellement la seule qui possède une flèche en
guise de clocher. Ces flèches , d'origine
flamande , doivent leur existence aux
ducs de Bourgogne. Il y en avait quatre à
Dijon : celles de la Sainte-Chapelle, Saint-
Benigne , Saint-Jean et des Chartreux ; il
ne reste plus aujourd'hui que la seconde,
encore est - elle de forme ancienne ,
sans l'être réellement : presque détruite
dans le milieu du 18.e siècle , elle fut
refaite par les religieux. Ces aiguilles
élancées donnaient à Dijon une physio-
nomie plus pittoresque qu'à la plupart
des autres villes. Les différens morceaux
de sculpture qu'on a accumulés ici ne
sont pas sans mérite ; leur établissement
se ressent toutefois de l'espèce de crainte
qu'on avait alors de laisser quelque part
le moindre signe qui pût rappeler qu'un
homme, mort depuis trois siècles , avait
été président ou ambassadeur. Les mutilations partielles de ce qui avait rapport

à la religion, telles que celles des statues de saints ou d'apôtres, tenaient au desir d'en anéantir la source. Vous ne trouverez donc guère ici de monumens complets : vous n'y verrez que des tombeaux qui n'ont point d'épitaphes, ou qui reposent sur des bases qui ne leur avaient point été destinées.

Les cénotaphes les plus remarquables sont ceux qui sont placés aux deux extrémités de la porte d'entrée principale ; l'un est du président Fremiot, que l'on voyait ci-devant à Notre-Dame : la figure est sévère, mais d'un très-beau style ; l'autre, parallèle, est celui de Marguerite Brulart, fille de Denis Brulart, femme de Jean-Baptiste Legouz de la Berchère. Mais ici le costume du temps produit un effet désagréable. Il était aux Cordeliers.

Celui du premier président de Berbisey est beaucoup plus idéal : la figure principale est grande et noble ; deux figures allégoriques, la Religion et la Justice en pleurs, sont assises au pied de son tombeau : la figure de la première sur-tout exprime merveilleusement la

douleur et la résignation. Ce tombeau
est l'ouvrage de Jean Martin, en 1720.

On voit, près de la porte, une ancienne armoire dont les volets, dus
aux premiers inventeurs de la peinture
à l'huile, sont peints avec sécheresse,
mais avec un soin extrême; ce morceau,
qui n'est pas sans mérite, vient origi-
nairement des Chartreux ; il est de Jean
de Bruges ou de son école. Cette armoire renfermait la chapelle portative
du duc de Bourgogne.

On y voit aussi la statue d'Elisabeth
de Lamare, femme de François Bailly,
morte en 1667 ; elle était aux Cordeliers;
elle sort du ciseau de Jean Dubois, en
1680.

Vis-à-vis, à droite, on trouve le tombeau de Marguerite Valon, épouse de
Jean de Mucie, morte le 24 novembre
1674; il est également de la main de
Jean Dubois. Il était aux Minimes, mais
sans être accompagné des deux anges
qu'on y a accolés depuis sa translation
dans cette église.

De l'autre côté, on voit un tombeau

Ancienne Rotonde de St Bernigne.

élevé à la mémoire des deux frères Ri-
goley; leur épitaphe a été composée par
l'ex-jésuite Geoffroy, qui demeurait à
Dijon; il est dû au ciseau de Goy ; il
était dans l'église de la Visitation.

Aux planches qui accompagnent cette
Notice, nous avons cru devoir en joindre
une qui donnât l'idée d'un monument
qui n'existe plus maintenant, mais qui
avait de l'intérêt par son antiquité,
et sur-tout par les élémens qui le com-
posaient : c'était une rotonde de forme
circulaire, communiquant à l'église ac-
tuelle ; une partie de cette rotonde était
sous terre et une autre était dehors ;
trois rangs de colonnes antiques formaient trois galeries placées par étage
et terminées par le comble.

M. l'abbé Le Beuf croit que cette
rotonde était l'ouvrage de l'abbé Guillaume qui refit toute l'église en 870;
il observe que, bien qu'elle ait été
construite dans un goût absolument
opposé à celui qui régnait alors, ayant
la figure d'un monument romain, elle
doit cette forme à ce que l'évêque Bru-

Rotonde
de
Saint-Benigne.

non fit venir d'ailleurs des colonnes de pierre et de marbre toutes taillées ; il y en avait cent quatre.

Dom Plancher prétend qu'une partie de cette rotonde, où l'on voyait un saint Symphorien baptisé par immersion et aspersion, était du temps de saint Grégoire.

L'église ancienne, à laquelle était réunie la rotonde conservée jusqu'à nos jours, et qui, comme nous l'avons dit, avait été rebâtie en 870, ne dura que jusqu'en 1271 ; elle fut écrasée par la chute d'une tour fort haute, qui s'élevait au milieu. Celle qui subsiste au aujourd'hui fut construite par l'abbé Hugues d'Arc-sur-Tille ; elle fut finie en 1288 : elle a deux cent treize pieds de longueur, quatre-vingt-sept de largeur et quatre-vingt-quatre de hauteur.

L'église Saint-Philibert, dont nous avons donné la vue, sert actuellement d'écurie pour la garnison ; ainsi tous les ornemens en ont disparu. Cette paroisse existait vers le 11.e siècle ; mais la tour et l'aiguille du clocher n'avaient

Rue de la Chapelotte.

été construites qu'en 1513, aux frais des paroissiens.

Saint-Philibert nous rapprochant du Lycée, nous dirons un mot en passant de cet établissement, maintenant connu sous le nom de Collége royal. Ce lieu qui, pendant près de deux siècles, n'avait entendu que les faibles voix des jeunes filles qu'on y instruisait, s'est vu tout à coup transformé en école guerrière : aux modestes et paisibles travaux de l'aiguille ont succédé les tambours bruyans et les exercices militaires. Cette maison, connue sous le nom de Sainte-Anne, était destinée à des orphelines; elles y apprenaient à broder, coudre, faire de la dentelle, etc. La famille Legouz, comme descendante des Odebert, fondateurs en 1645, en avait conservé l'administration conjointement avec le doyen du Parlement.

On trouve, au reste, dans le collége actuel tout ce qu'on peut desirer dans un établissement de ce genre : les professeurs y sont instruits, nombreux, et rien ne manque de ce qui peut favo-

Lycée.

riser le progrès des connaissances. Nous desirerions seulement qu'on s'occupât un peu plus des langues vivantes, qu'on peut si facilement faire marcher de front avec les autres études, sans leur nuire, et qu'il y eût au moins, par collége, un professeur d'allemand, d'espagnol ou d'anglais.

Chassées de leur ancienne demeure, les orphelines se sont réfugiées dans un ancien couvent de Bernardines, et lui ont enlevé jusqu'à son nom. En même temps on a quitté l'ancien collége, point central de la ville, très-commode sous tous les rapports pour les élèves; on y a transporté la bibliothèque et l'Université : 40,000 francs auraient suffi pour acheter une maison voisine et en augmenter les aisances, et on en a dépensé 100 pour construire une porte au Lycée, semblable à un arc de triomphe. Enfin, pour compléter le déménagement, le Marché au poisson et aux herbes se trouve aujourd'hui dans le bâtiment de l'ancienne Université.

Pillart, Del. et Sc.

Sainte-Anne est une église en forme de rotonde, avec une coupole; elle a été achevée, en 1768, sur les dessins du frère Louis, de l'Oratoire ; elle a dix-huit pieds de longueur et quarante-huit de largeur; le péristile est d'ordre dorique, avec un fronton; l'intérieur est entouré de pilastres d'ordre corinthien. A la partie à droite de cet édifice se rattache une espèce de galerie qui en est séparée par une grille ; cette pièce est d'un aspect très-élégant, et décorée de plusieurs tombeaux et épitaphes des Odebert, fondateurs de Sainte-Anne; dans le fond de cette galerie, l'un d'eux est représenté à genoux, avec son épouse. Cette pièce, à laquelle on pénètre par l'intérieur, est le lieu de prières des femmes attachées à cette maison.

Voici quels sont les monumens de sculpture qui décorent à présent cette succursale :

La statue du président Joly de Blaisy, mort en 1674; son fils lui fit ériger ce monument dans l'église des Cordeliers, par Jean Dubois. Le mortier qu'il tenait a été changé en rouleau, pour le préserver des mutilations ordonnées dans ce temps désastreux.

L'autre est celle du conseiller d'état Claude Bouchu, mort en 1683, également sortie de l'attelier de Jean Dubois; elle était anciennement au couvent des Carmes.

Le baldaquin du maître-autel est en marbre noir, et couvre deux statues en pierre blanche représentant *la Vierge et sainte Elisabeth;* elles sont toutes les deux de Dubois, et avant la révolution elles étaient placées sur le maître-autel de l'église du couvent de la Visitation.

Dans une des chapelles latérales se trouve un tableau de Quentin, représentant *la Communion de sainte Catherine,* un de ses meilleurs ouvrages, et un des plus beaux tableaux qui soit à Dijon.

Divers Etablissemens consacrés spécialement aux Arts et aux Sciences.

L'ANCIEN Collége, situé dans la rue Collége. qui porte encore ce nom, fut, comme nous le savons, non pas fondé spécialement, mais porté à un haut point de splendeur, par le président Odinet Godran qui lui laissa tout son bien et le remit aux mains des Jésuites et de la ville. Depuis l'année 1581 ils en ont été en possession, et la première pierre de leur bâtiment fut posée par ces pères le 7 mars 1581. La maison de M. Godran, où les Jésuites bâtirent le Collége, avait été l'hôtel de la Trémouille en 1626; ils agrandirent leur maison par l'achat de l'hôtel de M. Brulart, premier président.

L'église, qui sert aujourd'hui de salle à l'école de dessin et de peinture, fut consacrée en 1617, par Sébastien Zamet, évêque de Langres.

Cet édifice est formé de la réunion de deux vastes cours, dont la première est construite des quatre côtés, et la seconde seulement de trois. Dans la première étaient les classes jusqu'à la théologie inclusivement; l'autre était la cour intérieure du pensionnat et servait aux jeux des élèves.

Ces deux cours, et sur-tout la première, ont une apparence très-imposante: les bâtimens en sont fort élevés, et cette maison est, dans une de ses parties, celle de toute la ville où il y a le plus d'étages.

Ce lieu renferme aujourd'hui différentes études: la première, est celle du droit, c'est-à-dire l'Université; l'autre est celle du dessin, de la peinture, de la sculpture et de l'architecture : les professeurs en sont très-instruits; et on peut remarquer avec plaisir la tendance naturelle des Dijonnais à s'occuper des beaux-arts : à l'instant où un peu de calme vient habiter nos murs, une foule de jeunes gens se pressent autour d'un professeur digne à tous égards de leur affection par les soins qu'il leur donne, et dont son père lui a tracé le chemin. Tous les jours, dans cette école spéciale, les élèves peintres et sculpteurs travaillent d'après le modèle vivant.

La bibliothèque publique s'y trouve aussi; elle est formée de celle qui était aux Jésuites, et de celles de différens particuliers, ou du moins de tout ce que les spoliateurs ont bien voulu y laisser.

L'Académie a son hôtel rue Pont-Arnauld. Les séances publiques ont lieu dans un salon richement décoré sur les dessins, dit-on, du cavalier Bernin; d'autres disent de Noinville, élève de Mansard. On y voit un cabinet d'histoire naturelle.

5

Dépôts littéraires.

NOTRE ville est très-loin à présent de renfermer autant de richesses que jadis en collections d'histoire naturelle, livres et objets d'art ; toutefois elle n'en est point dépourvue. La bibliothèque publique commencée et continuée par les Jésuites, et dont le catalogue de 1708 montait déjà à six mille volumes, reçut un accroissement lent, mais continuel, par les achats annuels du bureau d'administration. Depuis la révolution, elle s'est enrichie et appauvrie à la fois, c'est-à-dire que le Gouvernement l'a dépouillée, par les mains de commissaires-inspecteurs et voyageurs, de manuscrits et autres objets précieux, pour en orner la bibliothèque de Paris ; mais nous avons lieu de soupçonner que tous ne sont pas parvenus à leur destination. Elle s'est accrue des bibliothèques des ordres monastiques et de celle de M. Jehannin de Cham-

blanc, ou de ce que des mains peu
fidelles ont bien voulu laisser échapper;
car il est de ma connaissance que la
bibliothèque de M. de Chamblanc était
infiniment plus nombreuse que ce qui
se trouve au Collége, et que les Chartreux avaient une vaste et superbe collection d'estampes qui se sont probablement égarées en les transportant.
Elle renferme aujourd'hui, dit-on,
quarante mille volumes et six cents manuscrits. Parmi les plus beaux objets, on
trouvera les trois premières parties du
grand ouvrage sur l'Egypte, exécuté par
les ordres de Napoléon : la plus vaste et
la plus belle entreprise littéraire et pittoresque qui ait été exécutée. Ce recueil
peut être vu avec d'autant plus de plaisir
par un étranger, qu'il n'est pas com-
mun, quoique récent. Cette bibliothèque est ouverte trois fois par semaine.

Le cabinet d'histoire naturelle de l'Académie renferme encore plusieurs objets
intéressans ; la partie minéralogique
est assez nombreuse. Elle provient aussi
en grande partie du cabinet de M. de

Chamblanc. Elle consiste principalement en morceaux d'études et en échantillons de luxe, tels que la lumachelle opalisante, de Bleyberg, etc. La collection de coquilles est peu considérable; cependant elle en offre de tous les genres : on y trouve la coquille appelée Scalata, *Turbo scalaris*, Linn.; celle désignée sous le nom de Marteau, *Ostrea malleus*, Linn.

On remarquera dans le règne végétal, l'enveloppe du régime des fleurs mâles de l'espèce du palmier, appelée *Manicaria saccifera*, Gœrtn., etc.

M. Baudot possède un assez grand nombre d'objets antiques de tous genres, tant en terres et métaux, que pierres, marbres et verre, et sur-tout ceux qui sont provenus des fouilles faites en Bourgogne; un médailler de pièces de presque toutes les contrées, ainsi que des sceaux du moyen âge; des dyptiques en émaux, en ivoire, et des cornets anciens de même matière; des peintures et sculptures; des manuscrits chinois, indiens; d'autres du moyen âge et de nos contrées, sur

des tables enduites de cire ; des manuscrits sur vélin, ainsi que des premiers
essais de typographie sur la même peau
et sur papier ; des lettres originales de
plusieurs personnages célèbres, tels que
Gustave - Adolphe , saint François de
Sales, le père la Chaise, Madeleine de
Scudéry , Sanadon , l'abbé d'Olivet ,
Saumaise, l'abbé Le Bœuf et plusieurs
autres. On voit dans son cabinet le bâton
même de la compagnie de la Mère-
Folle , gravé d'une manière inexacte
dans les *Mémoires pour servir à l'Histoire de la Fête des Fous,* par M. du
Tilliot, 1741, in-4°.

Enfin M. Baudot a recueilli une très-
belle collection de gravures, depuis les
fragmens xylographiques inclusivement
jusqu'à nos jours. Sa bibliothèque renferme plusieurs ouvrages précieux , et
contient beaucoup de renseignemens
sur la Bourgogne, particulièrement sur
Dijon. Il a formé la liste la plus complète des Maires de cette ville depuis
l'année 1120.

M. Bertholomé a un joli cabinet

d'histoire naturelle. On y remarque une précieuse collection de minéraux; il possède aussi beaucoup de tableaux, dont quelques - uns sont de grands maîtres; nombre d'objets d'arts, parmi lesquels un coffre avec figures ciselées en cuivre, présent du Pape Eugène à Philippe-le-Bon, duc de Bourgogne, et dont M. Millin fait beaucoup de cas.

M. Maret de Charmois a une superbe bibliothèque, composée de livres rares et de magnifiques éditions; il a aussi plusieurs tableaux : on y admire sur-tout un tableau capital, de Jean Breughel, représentant les *quatre Elémens,* et un de Peternefs.

M. de Montillet, outre d'autres objets, possède deux très-beaux et très-grands *Canaletti,* jadis donnés en présent par la république de Venise à un de ses ancêtres, chargé dans ce pays d'une mission diplomatique.

ENVIRONS DE LA VILLE.

Pour procéder avec ordre à la description des environs, nous partirons du même point que pour le tour intérieur.

La porte Saint-Pierre conduit à une Cours. de nos plus belles promenades, nommée le Parc. Deux piliers d'une architecture élégante et légère, sont placés à l'entrée du Cours, surmontés d'un vase et réunis autrefois par une très-belle grille : elle a été enlevée dans le temps où nous allions chercher dans tous les clochers et dans tous les monumens des arts, de la monnaie et des armes. Ce Cours est formé par quatre rangs d'arbres ; l'allée du milieu est suffisante pour le passage de beaucoup de voitures de front, les deux côtés sont réservés aux promeneurs. Ces arbres, plantés dans une terre profonde, résistaient depuis plus d'un siècle à des tailles latérales et

annuelles, lorsqu'un beau jour on s'avisa
d'employer pour les rajeunir le moyen
dont Médée se servit pour Eson: on leur
coupa la tête et une partie du tronc; ils
ne rajeunirent point, et la plupart sont
morts. On les remplaça par d'autres
qu'on a grand soin de mutiler et de
tondre dès qu'ils ont poussé leur premier
feuillage.

Mais si ces arbres ne nous présentent
pas les formes vigoureuses des chênes ou
des hêtres des Alpes, on en est bien dé-
dommagé par l'aspect de la campagne
environnante : à droite, sont des champs
d'une belle culture, terminés par une
partie du faubourg Saint-Pierre; plus
loin sont les montagnes de la Côte-d'Or.
Le Mont-Afrique, placé en dernière
ligne, s'y fait remarquer par sa forme
allongée et applatie : cette figure, assez
rare, ajoute ici à l'agrément du paysage.
A notre gauche nous avons quelques
jardins dont les extrémités se prolon-
gent le long du Cours; plus loin, l'hori-
zon s'étend jusqu'aux montagnes de la
Franche-Comté et de la Suisse qu'on

Vue près les Blanchisseries.

distingue plus particulièrement dans de
certaines saisons.

C'est au bout de cette longue allée que Le Parc.
nous entrerons dans l'enceinte appelée
le Parc de la Colombière. Là, si la nature
a été contrainte de suivre l'ordre que le
chef des jardins de Louis xiv lui a im-
posé, au moins ces vastes massifs ont
laissé aux arbres qui les composent la
liberté de se développer et de former,
en dépit du cordeau, des masses variées
et piquantes. Au bout de la principale
allée on trouvait, il y a quelques années,
une vaste collection de pions, de bonnets
carrés, de pyramides, ou, pour s'exprimer plus clairement, d'ifs, qu'on avait
forcés de prendre cette forme. J'ai vu
beaucoup de gens les regretter par cet
effet de l'habitude qui nous fait trouver
aimable tout ce que nous voyons depuis
notre enfance. L'extrémité du Parc aboutit à la rivière d'Ouche, le long de
laquelle s'étend une large terrasse. Si
l'on peut sortir par la grille de ce côté,
on retournera à la ville en suivant les
bords de la rivière, à laquelle plusieurs

moulins donnent beaucoup d'agrément
et de vie. On passe près de l'habitation
du Castel, qui n'a plus rien d'intéressant
que sa situation et la réunion d'une
grande quantité d'arbres fruitiers.

La porte d'Ouche n'est qu'une large
barrière en fer, aux deux côtés de laquelle sont deux piédestaux surmontés
de trophées. Quand on est parvenu à la
moitié du pont, cette rivière présente l'aspect le plus flatteur : à gauche la vaste
masse du bastion de Tivoli, couronnée
d'arbres; à droite l'enclos des Chartreux;
devant soi, l'hôpital dont la façade est
d'un très-bel effet. Elle est composée de
pilastres d'ordre ionique; au milieu est
un vitrage circulaire d'une grande dimension. Dans la porte inférieure on distingue un groupe représentant *la Charité
assistant plusieurs enfans* : il est l'ouvrage de Dubois. Cette maison, dont la
première fondation date de 1204, renferme deux cours principales, outre plusieurs autres plus petites qui desservent
différens bâtimens de cet hospice.

Une terrasse sur la rivière, le long de

Hôpital.

Pont
de l'Ouche.

Vue de l'Hôpital.

mais il s'y mêle aussi quelques souvenirs
que je me permettrai de rappeler : ils ne
peuvent être indifférens aux hommes de
tous les pays qui aiment qu'on leur rappelle quelques traits de ces vertus qui
décorèrent des âges trop loin de nous,
mais qui peuvent servir à établir quelques
bases d'un bonheur futur.

Arquebuse.

Entrons d'abord dans le jardin de
l'Arquebuse : une pente douce y mène
depuis la porte Condé; la campagne, les
faubourgs et une portion de la ville se
confondent dans ce vaste et gracieux
tableau. L'Arquebuse, entourée d'une
ceinture d'arbres, paraît sortir du milieu
d'une forêt; sa couleur rougeâtre se détache avec avantage sur ce fond rembruni; le chemin du village de Plombières se dirige en droite ligne jusqu'aux
premiers rochers où une légère cour-
bure le dérobe à la vue.

Ce jardin, jadis dessiné dans toute la
rigueur de l'école de Le Nôtre, n'était
composé que de simples allées parallèles,
séparées par une pièce d'eau; au fond se
trouvait un arbre vénérable qui subsiste

Castellemeure del. et Sculp.   1816.

Temple   Montigny

encore. Planté en 1609, année qui pré-
céda la mort d'Henri IV, cet arbre semble
dominer sur ce qui l'entoure, comme il
a dominé sur les siècles. Depuis quelques
années cependant les signes de sa destruction prochaine semblent s'être accumulés : si, comme les anciens peuples,
nous donnions une ame aux hêtres et
aux chênes, nous pourrions supposer
qu'il rend à la terre ses restes vénérables,
avec moins de regret, maintenant qu'un
jour plus pur semble luire pour nos enfans.

M. de Montigny a fait planter et dé-
corer à ses frais ce local et ses alentours,
sur les dessins de Morel, célèbre dans
ce genre.

Non loin de cet enclos, réservé au Chartreuse.
plaisir, il en est un qui, de tous les
temps, fut destiné à être l'asile du silence et de la méditation : je veux parler
de l'ancienne Chartreuse. Essayons d'y
pénétrer si nous le pouvons ; car, depuis
que ce lieu est devenu une propriété
particulière, il est impitoyablement
fermé, soit au promeneur solitaire, soit

au jeune homme qui, dans les ardeurs de la canicule, soupire après les plaisirs du bain.

Tout le monde connaît la réputation grondeuse du portier des Chartreux; et ma gouvernante, dont je dérangeais peut-être les projets, m'a, dans mon enfance, gratifié quelquefois de ce nom. Mais combien cette réputation était usurpée! Rien de plus facile et de meilleur abord que le portier des anciens Chartreux, et ce n'est pas lui qui donna lieu à ce proverbe.

Puits de Moïse. Nous ne trouverons aujourd'hui dans cette enceinte, de près de deux cents arpens, que bien peu de restes des anciennes constructions : la seule qui s'y soit conservée à peu près entière, est ce qu'on nomme *le Puits de Moïse.* Ce vaste réservoir date de 1396. Il était placé au milieu du cloître, changé aujourd'hui en jardin; une croix d'un très-beau travail s'élevait sur un piédestal; la croix a été abattue, mais le piédestal subsiste; il est entouré de six figures représentant des prophêtes d'une

variété d'attitudes et d'une expression
frappantes ; on y trouve des détails qui
prouvent que l'artiste avait non-seule-
ment du talent dans son art, mais encore de l'esprit; divers emblêmes ingé-
nieux y caractérisent les prophêtes : sur
la tunique de David sont brodées des
harpes. Cet ouvrage est de la main de
Claux - Sluter , auteur du tombeau de
Philippe-le-Hardi. Ce fameux statuaire,
né en Hollande, se retira dans le monastère de Saint-Etienne, où probablement il termina sa carrière.

On entrait dans l'enceinte intérieure
du couvent par une avenue d'ormes antiques que l'on a abattue; on n'a conservé que de vieux noyers qui se trouvaient à l'extrémité, et qui donnent
encore à cette seconde enceinte une
apparence religieuse et mélancolique.
L'enclos spécial du monastère se trouve
aujourd'hui transformé en ce qu'il a plu
de nommer un jardin anglais : de belles
eaux vives, claires et profondes, ser-
pentent à regret dans d'épais talus de
maçonnerie, semblables à des fortifica-

tions; des allées dites anglaises, parce qu'elles sont tortueuses et sombres, n'ont de charmes que pour les cousins qu'elles attirent en grand nombre, en empêchant l'évaporation d'un sol marécageux.

Nous ne serons point comme le vieillard d'Horace : *Laudator temporis acti.* Nos enfans verront sans doute des jours plus heureux que nous!

Nous n'attacherons point au nom d'une rue obscure celui d'une foule de grands hommes ignorés hors de cette même rue ; mais il est permis, sans crainte de ridicule, d'épancher ses sentimens pour quelques hommes vertueux que l'on regrette, ou de retracer quelques sensations qu'on a éprouvées dans sa jeunesse. Ainsi donc nous rappellerons en passant cette cloche qui, toutes les nuits, à onze heures, convoquait les religieux à la prière. Souvent, dans une nuit d'été, ses sons mélancoliques, se mêlant au bruit de la chute d'eau qui baigne les murs de l'Hôpital, et traversant la ville silencieuse, venaient plonger dans une douce rêverie ceux dont le

plaisir n'était pas l'unique étude, et chez
d'autres éveiller peut-être un remords!

Je dirai un mot de toi, bon Réné *,
saint religieux! toi dont les avis furent
si utiles à ma jeunesse! Au milieu des
exercices du cloître tu n'oublias pas les
beaux-arts! Élève de Vanloo, tes chastes
ouvrages prouveront aux hommes que
la religion loin de les interdire, fortifie
encore les jouissances de l'esprit!

Chez les Chartreux tout était neuf et
antique à la fois; ainsi l'étole brodée
des mains de la duchesse était transmise
d'âge en âge, sans souillure, tandis que
le marbre des tombeaux de nos ducs
s'est changé en poussière sous le marteau de nos régénérateurs. Aujourd'hui
ce monument des travaux, des sueurs
des anciens cénobites, et de la piété de
nos princes, est retourné à son origine
bourbeuse : il a repris le nom du champ
qui lui donna naissance, et se nomme
le comté de Champ-Mol.

---

* Religieux de la Chartreuse de Dijon.

Carrières.   En sortant de cet enclos par la porte qui donne sur le chemin de Paris, vous n'aurez que l'embarras du choix pour l'agrément des sites et la variété des promenades. Si, marchant en droite ligne, vous traversez les carrières indépendamment des effets très-pittoresques qu'elles vous présentent, vous avez par intervalle des échappées où le vallon de l'Ouche, la ville et ses faubourgs, jouent un rôle plus ou moins secon-

Talant. daire et toujours agréable. En avançant davantage vous rencontreriez le village de Talant, « ancien château des ducs de » Bourgogne, dont le gouverneur vi- » comte de Tavanes, commandant » pour le parti de la ligue, osa faire » tirer le canon de cette citadelle sur » le couvent des Chartreux, où Henri ɪv » était allé souper quelques jours après » la bataille de Fontaine-Française ; » cette résistance décida du sort de la » place, démolie en 1607 * ».

Ce château rebelle est devenu un

---

* Girault, page 35.

simple village, dont la vue s'étend sur la vaste plaine qui sépare le Jura des montagnes de la Bourgogne.

Une vallée d'environ un demi-quart Fontaine. de lieue de largeur, renfermant une grande variété de cultures, sépare ce village de celui de Fontaine, situé également sur une hauteur, et remarquable par sa situation et pour avoir donné le jour à saint Bernard. Un charmant coteau, couvert d'arbres et surmonté d'une église, voit à ses pieds une pièce d'eau d'une médiocre étendue. En ce lieu était un monastère de Feuillans, de l'ordre de Saint-Bernard, établi dans le château même du père de cet homme célèbre. Il y avait un apport tous les ans, pendant une octave de la fête de ce saint, et un peuple nombreux s'y rendait de la ville et des campagnes environnantes. Ce lieu ne dément pas l'espèce de sentence exprimée dans ces deux vers latins, sur le choix du séjour des différens ordres monastiques :

Bernardus colles, Benedictus valles amabat;
Franciscus oppida, Ignatius divites urbes.

Si l'on suit la route de Paris, après
avoir longé quelques murs où la vue
est circonscrite, on arrive à un moulin.
Là commence et règne pendant environ
une demi-lieue, une suite de rochers
bordés par le chemin et la rivière : ces
rochers, d'un ton gris et argentin, sont
d'une forme heureuse et variée. On
rencontre ensuite un autre moulin, et
une chapelle adossée au rocher, om-
bragée de tilleuls, où souvent la bonne
paysanne s'agenouille encore en dépit
des révolutionnaires. Ici le vallon s'é-
largit de nouveau et présente un agréable mélange d'arbres fruitiers, de
Plombières. champs, de prés et de vignes. Vous
arrivez à Plombières, où sont plusieurs
maisons de plaisance, avec de jolis jardins; vous traversez l'Ouche sur un pont
de deux arches ; alors vous dominez
sur un vaste espace couvert de noyers à
claire-voie, où les troupeaux viennent
se reposer pendant la chaleur du jour. Si
vous voulez vous détourner de la route,
vous visiterez un jardin fort agréablement planté à l'anglaise, dépendant

d'un château ayant jadis appartenu à l'évêché de Dijon.

C'est ici véritablement où un artiste, et celui qui, selon l'expression de Rousseau, aimant la solitude, craint de s'y préparer des tourmens, trouveraient, l'un de quoi remplir ses porte-feuilles, et l'autre une ample moisson de réflexions douces. Les faiseurs de romans pourraient aussi se monter l'imagination dans un ancien prieuré, digne à tous égards de figurer dans quelque roman que ce soit. Bonvaux.

Après avoir vu cet ancien prieuré, on peut rejoindre le chemin de Velars, qui présentera encore une suite de paysages variés, dont quelques-uns, d'un grand style, n'auraient pas été, avec quelques légers changemens, dédaignés par le pinceau du Guaspre. Velars.

A Velars, où l'on trouve une maison avec de beaux jardins, dans une situation très-heureuse, on a devant soi l'ancien couvent de Notre-Dame-d'Etang, objet d'une antique vénération, placé sur une montagne, sœur ou plutôt dé- Notre-Dame-d'Etang.

pendance du Mont-Afrique. Cet ermitage presque aussi élevé, a dû sa naissance à une superbe fontaine qui jaillit
de son sommet et dont les eaux coulent
le long du coteau qui regarde l'est. Mais
qu'irait-on chercher aujourd'hui dans
ce lieu solitaire, où l'on ne trouverait
plus que des regrets, et aucune de ces
idées religieuses qui animent et con-
solent le cœur de l'homme! Tout dans
la nature doit être animé par sa pré-
sence, et dans l'ermitage isolé sur une
pointe de rocher, on veut trouver celui
qui l'habite, ou quelques-uns des meubles
à son usage; l'œil se plaît à suivre quelques traces de culture, un petit jardin
entouré d'une haie modeste : dépouillé
de ce prestige, le plus beau lieu rentre
dans le domaine général de la nature,
devient la proie des reptiles, et une végétation sauvage et parasite en anéantit
la beauté.

AUXONNE.

Ayant parcouru Dijon et ses alentours, que nous avons explorés dans
un rayon d'une lieue à peu près, si le
voyageur desire porter ses pas un peu
plus loin, nous lui indiquerons deux
points différens, où, dans l'espace de
quelques heures, il peut trouver à occuper agréablement sa journée. L'une
est la ville d'Auxonne, en se dirigeant
à l'est; l'autre est celle de Beaune, en
tournant au midi. Ces deux villes, à
quelque différence près, sont au même
éloignement de la capitale.

On va à Auxonne, par une bien belle
route, aujourd'hui très-peuplée d'Anglais, parce qu'elle mène directement
au Simplon, le plus beau et le plus court
passage en Italie. Nous qui n'allons pas
si vîte que les Anglais, nous ferons
quelques pauses, et peut-être nous nous
amuserons autant, quoique nous ne
soyons pas aussi riches. Je ne tomberai

point dans le défaut de ne pas vous faire grâce d'une laitue, en traçant l'histoire des villages nombreux, dont la plaine arrosée par l'ouche est parsemée. Je vous dirai seulement qu'à deux grandes lieues de la ville, un monticule d'apparence assez mince, et qui tient plus qu'il ne promet, mérite une excursion. Au sommet de ce monticule, au pied duquel est situé le village de Fauverney, une église simple domine une vaste campagne, et voit sous elle des maisons et des vergers dans un désordre heureux, et une cascade entourée d'arbres. Je ne crois pas trop m'avancer en disant qu'une heure n'est pas trop longue pour se reposer et voir les détails de cet intéressant paysage. Il semblerait même que les habitans de ce point fortuné du globe, tireraient une secrette vanité d'y avoir pris naissance, si ce qu'on raconte est vrai. On prétend donc qu'un jour un paysan Fauvernois ou Fauvernien, était venu à Dijon; ce qui n'est pas extraordinaire, mais ce qui l'est davantage, c'est qu'un perroquet ou

Fauverney.

un sansonnet lui ayant demandé : *d'où es-tu ?* le Fauvernien piqué qu'on ait pu le soupçonner d'être né ailleurs, lui répondit avec émotion, toutefois en ôtant son chapeau : *J'seu de Fauvaney, mon bel ousia.* Que le trait soit vrai ou non, comme il y a long-temps qu'on le répète, il n'en est pas moins l'expression du sentiment profond d'amour de la patrie, qui règne dans leur cœur. Nous quitterons sans doute avec regret de si braves gens ; mais enfin, il est un terme à tout, et d'ailleurs la coupe des plaisirs n'est pas encore épuisée. Arrivé à Genlis, placez-vous au milieu du pont Genlis. qui sert d'entrée au village, et dites-moi si vous ne vous croyez pas en Flandres, au milieu des plus jolis tableaux de Téniers. La Tille roule ses eaux claires dans ce beau village, et le quitte à regret. Les habitans d'un caractère plus vif, plus adroits à tous les exercices que les premiers, aimant les voyages et les aventures, ont mérité le nom de *petits-maîtres de la plaine,* qu'on se plaît à leur donner.

Si le voyageur est à pied, qu'il **ne** manque pas de se reposer à Pluvault, avant d'entreprendre le passage d'une lieue et demie de forêt, au milieu de laquelle il ne trouvera rien qui puisse le récréer. S'il est en voiture, il peut s'endormir paisiblement jusqu'à une légère descente au sortir du bois, qui lui fait découvrir Auxonne, que précède une très-belle levée, bordée d'un double rang d'ormes, et longue d'une demi-lieue. Pour entrer dans cette petite ville, on passe la Saône sur un très-vilain pont de bois, et les préparatifs d'un autre plus beau et plus solide.

Une assez longue rue traverse entièrement cette ville de forme circulaire, c'est-à-dire que de la porte d'entrée qui s'appelait *Porte de France,* on sort en continuant la même rue par une autre porte opposée, nommée aujourd'hui du Jura, et jadis *Porte de Comté.* Dans cette rue vous trouverez un hôtel qui en vaut bien un autre : c'est la meilleure auberge du canton, connue sous le nom de *Grand-Cerf,* tenue par M. Tournoër,

et où vous pouvez faire un déjeûné ou
dîné solide et délicat en même temps,
et vous reposer dans d'excellens lits :
chose qui n'est point à dédaigner. Après
déjeûné, vous visiterez la principale église
sous le vocable de Notre-Dame, puis la
place des casernes, et ferez le tour intérieur de la ville sur les remparts. Ce sont
à peu près tous les objets que renferme
cette ville d'environ 3 à 4000 habitans.

Son origine n'est pas bien connue,
ainsi que celle de beaucoup d'autres
cités. Les uns par amour patriotique lui
donnent une haute antiquité ; d'autres
pensent le contraire. Claude Jurain,
historien de sa patrie, dit seulement
qu'elle est très-ancienne, et conjecture
que sa construction date d'environ
400 ans après Jésus-Christ. Quoi qu'il en
soit, cette ville a formé long-temps une
petite souveraineté, séparée des deux
Bourgognes sous le titre de Comté. Jean
et Étienne de Châlon, la vendirent en
1237, à Hugues IV, duc de Bourgogne,
qui leur donna en échange des petites
villes situées en Franche-Comté, du nom

de Bracon, Villafans et Ornans. Son château et les six tours qui le composent avaient été construits par Louis XI, Charles VIII et Louis XII.

L'arsenal ne présente rien aujourd'hui de remarquable, ayant été dépouillé pendant le séjour des Autrichiens, d'une grande quantité de son matériel; il se relevera surement, Auxonne étant, dans l'avenir comme autrefois, destinée à conserver une école d'artillerie.

Jadis cette ville était fermée d'une double muraille, couverte de tuiles, et ceinte d'un double fossé ; en 1673 on commença à la fortifier telle qu'elle est aujourd'hui, avec trois bastions revêtus de quelques demi-lunes et d'un chemin couvert.

Courtépée cite comme un trait éminent de service rendu en 1636, par les habitans d'Auxonne au grand Condé, qui assiégeait Dôle, le fait suivant. Je doute que tout le monde soit de son avis. Ils se réunirent, dit-il, pour fourrager dans les villages de Comté; ils ramenèrent au camp plus de vingt mille

1816

Eglise N. D.ᵐᵉ D'auxonne.

bêtes à cornes, où elles se débitaient en
raison d'un écu pièce; mais ils empor-
tèrent à Auxonne, les vins, les grains et
les meubles de leurs voisins. Le conseiller
Boivin blâme avec raison les Auxon-
nois, comblés, dit-il, de courtoisie à
Dôle, et qui, par la franchise du commerce, en ont tiré de singuliers profits.
Voilà en effet un bien grand titre à la
reconnaissance, car ces services sont
absolument de la nature de ceux que
les Corps-Francs auraient rendus à la
France.

L'église Notre-Dame, du portail de
laquelle vous trouverez une vue dans
cette collection, se trouve située dans
une place à quelque distance seulement
de la grande rue; elle a été commencée
par Jeanne de France, femme de Eudes
iv, et finie par la duchesse Marguerite
de Flandres, au 14e siècle. Le portail et
la tour de l'horloge, représentés dans
cette vue, n'ont été achevés, aux frais
des habitans, qu'en 1516. Le sanctuaire
est bien éclairé; la plus ancienne tombe
qu'on y trouve est de 1383.

Notre-Dame.

Cette église renferme un grand nombre de chapelles latérales, dont huit de chaque côté, et le maître-autel. Ces chapelles contiennent plusieurs tombeaux de particuliers, et quelques statues de saints d'un style gothique et barbare. Le chœur, vaste et bien éclairé, offre quatre copies des *Sacremens du Poussin,* de petite dimension, qui m'ont paru bien exécutées.

Cette église dont le péristile est fort vaste, touche de près à la place des casernes qui renferment trois corps-de-logis modernes, destinés au logement de la garnison. Cette place est un parallélogramme, bâti de trois côtés. A une des extrémités, se trouve un quinconce de tilleuls. Une promenade véritablement agréable, est le tour de la ville intérieurement, sur les remparts : elle présente beaucoup de points de vue fort intéressans. Je suppose que vous partiez de la *Porte de France*; pour y revenir, en commençant le tour à gauche, vous trouverez à une centaine de pas, une charmante vue de bâtimens et d'arbres, en-

tourant une espèce de petit étang. Plus
loin, les différens bastions sont couverts
de beaux arbres, dominant à gauche
sur la vaste plaine de la Saône, à droite
sur plusieurs jardins de particuliers. En
avançant, on a formé d'une partie de
ces bastions, une promenade publique
dans le genre anglais. Cette promenade
touche à la *Porte du Jura,* jadis *de
Comté,* au de-là de laquelle, en continuant, vous trouverez le Château qui
vous ramenera sur les bords de la Saône,
d'où vous êtes parti.

Les moyens de transport sont extrêmement faciles : tous les jours une voiture part de Dijon, pour Auxonne, et
vice versâ, à un prix fort modique, et
avec assez de rapidité. De plus, une
diligence part et revient tous les jours
de Dijon pour Besançon. Cette ville,
ainsi qu'on nous l'a appris dernièrement,
est la patrie d'une célèbre danseuse de
l'Académie royale de musique, nommée
Miller, épouse de M. Gardel, artiste du
même théâtre. Elle vient de quitter la
scène ; je doute que la Saône la revoie.

BEAUNE.

AVANT que notre voyageur visite une
ville qui, dans l'opinion des gourmets,
doit mériter une place distinguée, nous
ne croirons pas tout-à-fait inutile d'exi-
ger de lui une promesse de ne rien
croire des fadaises répétées jusqu'à sa-
tiété dans le *Pironiana* et autres ouvrages même plus sérieux. Il se gardera
bien, s'il ne veut être plongé dans les
eaux très-froides de la *Bourgeoise,* de
demander aux habitans si leur pont a
été fait chez eux, ou de dire qu'il vient
leur couper les vivres, ce qui aurait
encore plus d'inconvénient cette année
qu'une autre. Il laissera donc dormir
ces sottises rebattues, et me croira sur
parole, quand je lui annoncerai qu'on
voit à Beaune de fort jolies maisons,
et plusieurs d'un bon goût d'architecture; une très - bonne société, nombreuse et fort paisible; un esprit d'ordre
et l'amour des devoirs assez générale-

ment répandu; lorsque j'ajouterai que
les fréquens voyages que nécessite le
commerce des vins dans toutes les parties de l'Europe septentrionale , ont in-
troduit des connaissances utiles chez la
plupart des négocians, et qu'on y trouve
encore quelques personnes qui cultivent
les lettres et les arts avec succès.

Ayant donc banni de l'ame du voyageur cette espèce de prévention, nous
nous mettrons en marche avec moins de
crainte. Je lui ferai observer, en sortant
de Dijon par la porte d'Ouche, les divers points de vue agréables de la ville,
de la terrasse de l'hôpital, du port du
canal et du Mont-Afrique. Je suis bien
aise que cette idée le soutienne pendant
deux mortelles lieues en droite ligne, jusqu'aux Baraques, où il ne trouvera que
beaucoup d'auberges, de voituriers;
j'ajouterai, pour le mieux consoler,
que près de là est un très-beau village
appelé Gevrey; que de ce village dé-
pend le fameux Chambertin, petite
contrée de quelques toises, dont la re-
nommée éclipse celle d'une province

7

entière dans les vastes steppes des Kal-
moucks. De là jusqu'à Nuits, très-petite
ville, à moitié route, on a toujours à sa
droite la prolongation de cette Côte-
d'Or qui a donné son nom à notre dé-
partement à raison de ses vins, bien
qu'on dise toujours vin de Bourgogne.
Ainsi Gevrey, Morey, Chambolle et
Vougeot seront successivement passés
en revue. Vougeot, ce clos fameux,
situé dans une position presqu'entièrement horizontale, est fort loin de pré-
senter à l'œil autant d'agrément que
ses productions en ont pour le palais.
La culture de la vigne en Bourgogne
offre en général un aspect monotone,
à raison de la taille extrêmement courte,
qui est en usage dans cette province.
On trouve cependant, par intervalle,
des échappées où la nature, aidée de
quelques sources qui descendent des
collines voisines, vient diversifier la
perspective en la mariant à une belle
végétation.

La ville de Beaune s'annonce par un
faubourg assez long, nommé faubourg

D. M. fecit ad viv. 1816

Lavoir à Brécaire.

N° 3

DM. Sec ad Viv.   1816   Nᵒ⁴ 2

S.ᵗ Ni.ᵃˢ à Beaune.

Saint-Nicolas : il n'a rien de remar- Saint-Nicolas.
quable que la paroisse qui lui a donné
son nom, et dont l'origine est du
12.ᵉ siècle ; son intérieur n'a aucun
ornement qui vaille la peine d'être cité.
C'est dans ce faubourg que sont les deux
principales auberges.

Une porte en forme d'arc, d'une assez
bonne architecture, précédée d'un quinconce à droite, sépare la ville du faubourg. J'ai cru devoir vous donner la
figure d'un lavoir public qui est près de Lavoir public.
cette porte : de beaux arbres, des eaux
vives et claires, les fortifications qui
l'entourent, m'ont frappé au premier
coup d'œil, et je n'ai pu me refuser au
plaisir d'en offrir une esquisse, bien
que ce ne soit pas un monument historique.

Avant d'entrer dans la ville, vous
trouverez une promenade plantée à l'anglaise, sur les dessins de M. Saintpère,
architecte de Dijon. Enfin, derrière
l'hôtel de M. Brian sont des bains au
milieu d'un jardin très-bien dessiné,
adossé aux murs de la ville : tels sont les

objets les plus intéressans du faubourg
dit de Saint-Nicolas.

Nous allons maintenant vous dire
quelques mots de l'origine de Beaune,
ou du moins de ce qu'on en présume.
Celle de toutes les villes, ou à peu près,
se perd dans la nuit des temps ; cependant Beaune est très-ancienne, à en
juger par les fragmens des monumens
que l'on y conserve. Il paraît certain
qu'elle existait au temps de la conquête
des Gaules par Jules-César. En 1708,
M. de Salins voulut inutilement en faire
la capitale des Eduens ; il fut réfuté so-
lidement par plusieurs antiquaires, tels
que MM. Moreau de Mautour, Baudot
et autres auteurs, en sorte qu'Autun ne
peut être privée de cette illustration.

Un des plus curieux monumens trou-
vés dans les démolitions de l'ancien château, en 1683, avec cette inscription :
Cives Minerviœ, semble indiquer qu'elle
portait le nom de Minervia. L'historien
de Beaune croit qu'elle fut bâtie au
3.e siècle par Aurélien.

Au 8.e siècle, elle portait déjà le nom de *Pagus Belnensis.*

Charles-Martel y établit un comte particulier, pour diriger la police et l'administration de la justice, ainsi que cela se faisait dans les principales villes.

Beaune passa ensuite sous la domination des ducs de Bourgogne ; elle essuya à diverses reprises des désastres occasionnés par des causes naturelles, telles que des pestes et des irruptions, qui la dépeuplèrent presque en entier ; ou des vexations, qui forcèrent la plus grande partie des habitans à fuir cette terre malheureuse. Réunie par Louis xi à la Couronne, elle s'attacha au parti de Marie de Bourgogne, et s'étant révoltée contre son souverain, un siége de cinq semaines, et tous les malheurs qui en sont la suite, la remirent entre ses mains. Louis xii y fit bâtir le château, qui existe aujourd'hui, pour la préserver des irruptions des Impériaux.

Cette forteresse, destinée à sa défense, devint la cause de tous ses malheurs pendant la ligue : Henri iii, à qui elle était

restée fidelle, l'ayant cédée par faiblesse
au lieutenant du duc de Mayenne,
le joug de ce ligueur devint si affreux
aux habitans, qu'ils députèrent secréte-
ment, au maréchal de Biron, pour l'engager à venir à leur secours. Mayenne
prévenu dressa une liste des fidèles
royalistes dont il voulait se défaire, et
confia l'exécution de ce dessein à un
bandit Milanais, nommé Guillerme. Il
est curieux de lire les détails de la mort de
ce flibustier, rapportée dans Courtépée,
tome II, page 506. Ses troupes se re-
plièrent au château, et y soutinrent un
siége de six semaines contre l'armée du
maréchal de Biron. La prise de cette
place importante fit rentrer sous la
domination d'Henri iv presque toutes
les autres villes de la Bourgogne.

Cette cité, malheureuse si long-temps,
le devint encore par la peste de 1638,
qui la dépeupla d'une manière horrible;
elle fut suivie presqu'immédiatement de
l'irruption des Impériaux, commandés
par Galas. Tranquille sous les règnes de
Louis xiii, Louis xiv et Louis xv, elle n'a

cessé de s'améliorer et de s'embellir jusqu'à nos jours ; heureux fruit d'un Gouvernement légitime et paternel !

Elle a à peu près deux cent douze
toises de largeur d'un côté, sur cent
quatre-vingt-cinq de large, et sept cent
quatre-vingts toises de circuit ; et Dijon,
également dans l'intérieur, en a à peu
près deux mille cent trente-une ; ce qui
peut donner une idée de leur grandeur
respective.

Les remparts, plantés sur les fortifications qui existent encore assez entières,
sont beaux et très-larges dans de certaines parties. Dans celle qui se rapproche
de la *Porte de Dijon*, on découvre par
intervalle plusieurs aspects intéressans
des différentes églises et autres monumens publics. La rivière de la Bourgeoise, qui traverse la ville, s'aperçoit
depuis une de ces élévations, et n'est pas
un de ses moindres ornemens. Beaune
est bien pavée et très-propre. Cet avantage est dû à la circulation, dans plusieurs rues, d'un ruisseau qui en faci-
lite le nétoyage.

Comme je vous l'ai déjà fait remarquer, les bâtimens sont généralement
soignés, et les rues propres, à raison
du ruisseau qui en arrose la plus grande
partie. Dans le nombre des maisons, il
en est plusieurs qui ne dépareraient pas
les rues d'une ville, et plus populeuse et
plus célèbre. Sur une place de médiocre
grandeur, on voit une tour gothique
surmontée d'une horloge dépendante de
l'Hôtel-de-Ville. De cette place, en tournant à gauche, on parvient à l'église

Notre-Dame. collégiale de Notre-Dame, presque la
seule conservée : celle de Saint-Pierre a
été détruite, ainsi que toutes celles qui
dépendaient des monastères. Notre-
Dame, commencée en 976 par le duc
Henri, et continuée par le chapitre, fut
achevée à la fin du xi.ᵉ siècle par la duchesse Mathilde : le portail fut élevé
en 1332.

Le chevet extérieur du chœur est
arrondi, décoré de petites colonnes, où
l'on reconnaît les traces de l'architecture
romaine. En général, on peut observer
que les monumens antérieurs au moyen

Interieur de l'Hôpital de Beaune.

âge, sont d'un goût moins barbare que ces derniers ; et qu'à mesure qu'ils s'en éloignent ou s'en rapprochent par la date de leur fondation, le style gothique de ces édifices a plus ou moins d'affinité avec le style romain.

Dans le nombre des tableaux qui décorent cette paroisse, je n'en ai remarqué qu'un seul, qui me paraisse mériter quelque attention ; il est placé dans la nef à gauche. Il m'a paru de la main ou au moins de l'école de Corneille. Je n'ai pu parvenir à trouver le nom de l'auteur. Le dessin en est très-bon, et la couleur harmonieuse.

Outre la place de l'Hôtel-de-Ville il y en a une autre fort vaste, nommée place Saint-Pierre, où se tient le marché ; elle est décorée de beaux hôtels et de belles maisons de particuliers. C'est sur cette place qu'était l'église de ce nom, antérieurement détruite.

Un des plus beaux monumens de cette ville, à le considérer sur-tout du côté de sa parfaite conservation, est l'hôpital. Cet hospice, fondé en 1441 par Nicolas

Hôpital.

Rollin, chancelier de Bourgogne, pas-
sait long-temps après sa construction
pour être un palais, plutôt que l'asile de
la souffrance. L'intérieur de cet hôpital,
dont je donne une vue, m'a frappé par
son rapport avec les bazars ou cara-
vanserais orientaux. C'est une vaste cour
ceinte d'une colonnade de nombreux
piliers grêles; sous cette colonnade,
règne une espèce de cloître; au-dessus,
une galerie séparée, par intervalle, par
des louvres d'une grandeur énorme,
dont chacun est décoré d'une aiguille
gigantesque. Cet ensemble m'a charmé,
et c'est cette première impression dont
j'ai essayé dans la planche ci-jointe, de
donner une faible idée. Du reste, cet
hôpital est comme tous les établissemens
que la religion élève et conserve, l'asile
des vertus obscures : cet éloge est com-
mun à tous et mérité par tous.

La porte par où l'on sort de la ville
pour suivre la route de Châlon, a quelque rapport à l'autre dont nous avons
parlé. L'aspect de la ville de ce côté, en
dehors, est fort agréable, et embelli par

la rivière et différentes parties des fortifications. Le faubourg de ce côté s'appelle faubourg Bretonnière.

Si vous vous trouvez à Beaune au
mois de mai, ou à la fin d'août, vous
pourrez facilement vous mêler à un grand
concours d'habitans et d'étrangers, qui
se réunissent dans des vues purement
profanes, au sein d'une vallée solitaire,
embellie par une fontaine, nommée la
la Fontaine-Froide, mais qui n'a pour-
tant pas la vertu de faire perdre la mémoire, comme les eaux du Léthé. Là,
des restaurateurs, dressant à la hâte leur
cuisine champêtre, sur laquelle on est
alors moins difficile, vous offrent des
mets simples assaisonnés par l'appétit.

Des sociétés plus prévoyantes arrivent
des villes voisines, escortées de plus de
mets, et, dit-on, de moins de plaisir;
peut-être ont-elles aussi l'un et l'autre.
Celui que ses facultés restreignent à de
courtes jouissances, se console en se per-
suadant que le luxe exclut toujours la
joie. Laissons-lui cette idée flatteuse,
dont je ne suis pas bien persuadé. Le

luxe n'a cet effet, que lorsqu'il naît d'une source que la conscience réprouve; il ne reste alors à l'opulence d'autre moyen de bonheur, que des orgies qui lui enlèvent la faculté de penser.

En même temps que je ferai tous mes efforts pour vous récréer en bonne compagnie, je veux aussi vous éviter une fatigue inutile. Gardez-vous, sur la trompeuse apparence de deux ou trois estampes du *Voyage de France*, de vouloir visiter *le Creux-de-Menevault*, ou *le Bout-du-Monde* : route très-fatigante pendant cinq mortelles lieues, au milieu d'un pays solitaire et sans intérêt! Vous ne pourrez plus voir, en passant, ce château de la Roche-Pot, sujet d'une autre estampe du même *Voyage*. Arrivé au terme, que trouvez-vous? Une espèce d'enfoncement de quelques rochers grisâtres, précédé d'un pré dont l'entrée est défendue par un mur. Au lieu d'une cascade rivalisant le Staubach, sur laquelle vous comptiez à l'aspect de l'estampe, un simple filet d'eau, qui n'existe jamais qu'après un orage, serait l'unique dédommagement que vous pourriez espérer.

Ici doivent se terminer des courses, qui n'ont pour objet que le plaisir sans fatigue.

Si l'auteur de cette Notice a pu engager quelques étrangers à se fixer encore dans des contrées jadis heureuses; si en parlant de destructions, en associant le nom des hommes à celui des monumens, il a rappelé leur mémoire à leurs amis; s'il a excité un regret chez l'auteur de leurs misères, son but sera rempli.

FIN.

POST-SCRIPTUM.

L'AUTEUR de cette Notice se propose d'en publier sous peu une pareille sur la ville et les environs de Besançon, ainsi qu'une excursion dans plusieurs villes et lieux remarquables de la Franche-Comté.

Il aurait également l'intention de mettre au jour un ouvrage sous le titre général de Souvenirs d'un Voyageur dans plusieurs parties de la France et dans quelques contrées du midi de l'Europe. Ces Souvenirs s'étendraient aux lieux suivans : Malte, où l'auteur a résidé long-temps; la Corse et les environs de Madrid, Lisbonne, Coimbre et Oporto. Ils consisteraient en planches gravées par lui-même, la plus grande partie au trait, pour pouvoir en donner un grand nombre à un prix très-modique; mais elles auraient l'avantage d'avoir été faites sur les lieux mêmes et de la même grandeur que l'esquisse originale, sans s'y permettre le plus léger changement. La description ne serait aussi que l'expression du sentiment qu'on éprouve en voyant un objet pour la première fois; elle en conserverait toute la vivacité. —

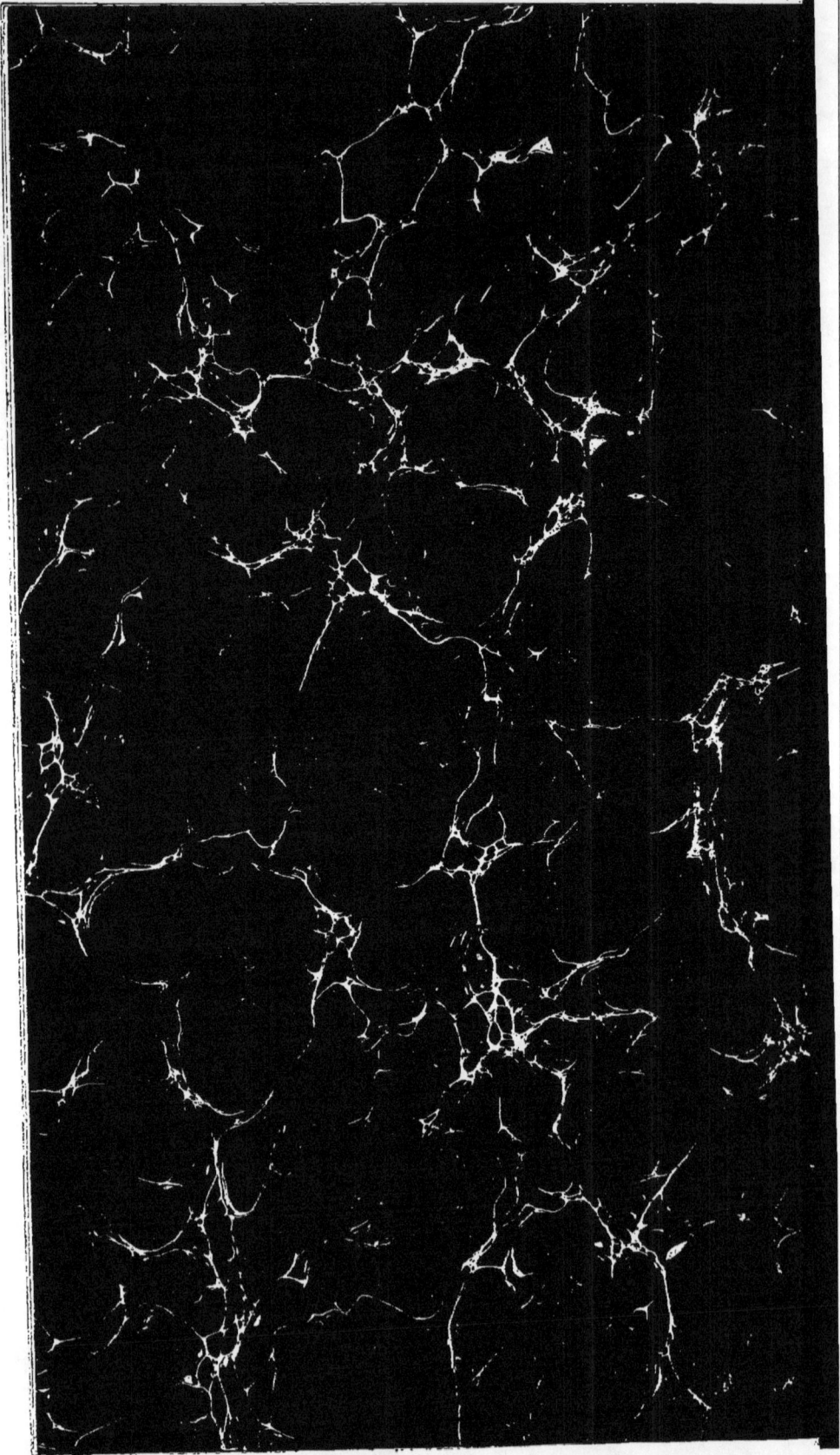

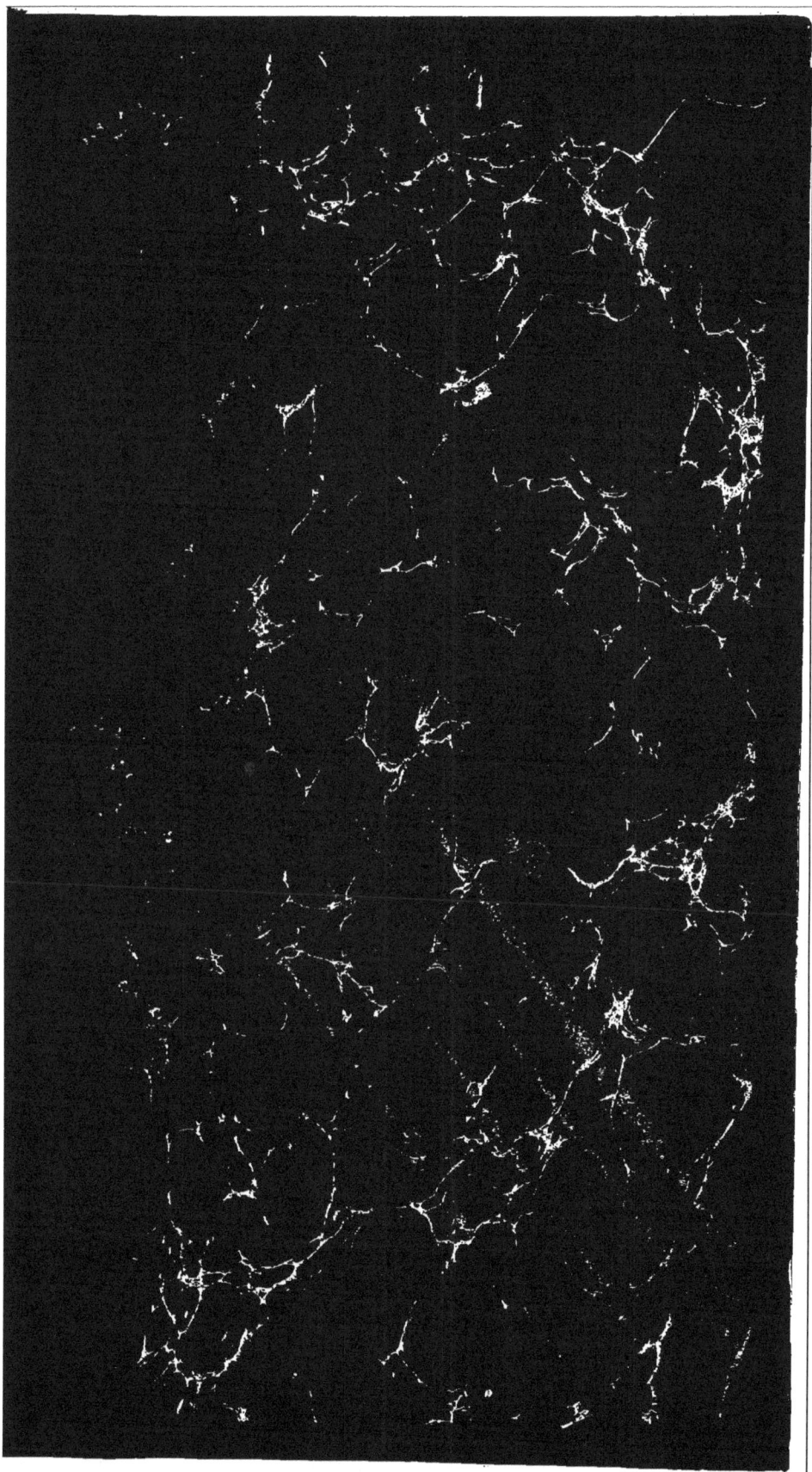